课题名称：语文教学在基础教育铸魂工程的核心地位研究
课题类别：青年教师提升科研创新能力
课题批准号：ZSQN202213
课题来源：2022年度内蒙古自治区直属高校基本科研业务费项目

古代蒙学在小学语文课堂教学中的开发与实践

王玉霞◎著

吉林文史出版社

图书在版编目（CIP）数据

古代蒙学在小学语文课堂教学中的开发与实践 / 王
玉霞著 . — 长春 ： 吉林文史出版社，2024.9. — ISBN
978-7-5752-0670-9

Ⅰ.G623.202

中国国家版本馆 CIP 数据核字第 2024CB9477 号

古代蒙学在小学语文课堂教学中的开发与实践

GUDAI MENGXUE ZAI XIAOXUE YUWEN KETANG JIAOXUE ZHONG DE KAIFA YU SHIJIAN

著　　者：王玉霞
责任编辑：王明智
出版发行：吉林文史出版社
电　　话：0431-81629359
地　　址：长春市福祉大路 5788 号
邮　　编：130117
网　　址：www.jlws.com.cn
印　　刷：河北万卷印刷有限公司
开　　本：710mm×1000mm　1/16
印　　张：15.5
字　　数：220 千字
版　　次：2024 年 9 月第 1 版
印　　次：2025 年 1 月第 1 次印刷
书　　号：ISBN 978-7-5752-0670-9
定　　价：88.00 元

中国是世界上文明延续时间最长的国家之一，这和我国自古以来重视教育的传统是分不开的。自秦汉时期，中华先民们便十分注重对孩童的教育，并为他们编写了大量优秀的启蒙教材，这为文化的发展延续奠定了基础。从那些启蒙读物中，我们能看到古人教育理念的不断进步。从孔子提出"有教无类"的概念之后，中国的教育体系便开始不断发展，形成了完整、系统的古代蒙学教育。

蒙学，顾名思义，就是启蒙学习，泛指启蒙教育。古代蒙学发展历史悠久，蕴含着中国优秀的文化传统，凝聚着中华民族的精神财富，体现着鲜明的中国特色，培养了古代一大批卓越的人才，取得了显著的成效。它内涵丰富，读起来朗朗上口，其事理并举的育人方法深入人心，受到从古至今孩童们的喜爱，在历史上流传久远；对比儒家经典，蒙学读物更直接、具体、真切地体现了中华优秀传统文化的精髓，受到大众的喜爱。近年来，重温经典、传承和弘扬中华优秀传统文化、树立文化自信已成为中小学生的必修课，对于其积累文化、启迪智慧、规范言行及培养良好人格有着极大的益处。《三字经》《百家姓》《千字文》《千家诗》，并称为"三百千千"，都是蒙学中的经典，学习和运用这些蒙学经典能触动人心灵的最深处，开启人生的智慧。

读《三字经》以习见闻。《三字经》全文共一千多字，三字一句，四句一组，句句押韵，极易成诵。内容包罗万象，言简意赅，是中国古代最著名的蒙学教材，堪称"蒙学之冠"，被誉为"千古奇书"。

读《百家姓》以便日用。《百家姓》以百家为名，原收集姓氏411个，后增补到504个。儿童记下这几百个姓氏，对于日常识字实用价值较大。

读《千字文》以明义理。《千字文》文采斐然，被公认为世界编写时间最早、使用时间最长、影响最大的儿童启蒙识字课本。

《千家诗》包罗万象，共选取226首律诗和绝句。所选作品的题材广泛，包括写景状物、咏物言志、赠友送别、吊古伤今，题画咏史、应酬唱和，等等，反映了社会生活的各个方面。这些诗作不仅在文学史上有重要地位，也能给读者带来美的享受。

中国作为教育大国，古人对于启蒙教育的重视在全球范围内都是独树一帜的。古代启蒙文学作为中国传统文化的重要组成部分，对于小学语文教育有着深远的影响。这种影响不仅体现在教学内容的选择上，更在于其教育理念和方法的传承。在重视素质教育、不断深入课程改革的今天，国家和教育部门已开始高度重视中华优秀传统文化教育和传承，重视树立学生的文化自信，中华优秀传统文化受到了极大的关注，传承中华优秀传统文化已然成为新时期教育发展的一项重要任务。小学生是祖国的未来，在小学语文教学中融入传统文化教育对培养学生热爱、继承和弘扬中华优秀传统文化以及树立文化自信、民族的伟大复兴、实现中国梦都有着十分重要的意义。

古人精心创作的蒙学经典，虽然其中的部分内容因为时代发展而不再适用于当代，但绝大多数内容仍有着极强的教育意义。我们也应看到，古代启蒙文学与小学语文教学之间并非完全吻合。古代启蒙文学更侧重于对伦理道德教育和传统知识的传承，而现代小学语文教学则更注重学生的全面发展，包括对语言表达、创新思维、批判性思维等方面的培养。因此，在将古代启蒙文学融入小学语文教学的过程中，我们需要进行适度的筛选和创新，以使其更符合现代教育的需求。

CONTENTS
目 录

第一章 《三字经》

第一节 《三字经》与小学语文

一、《三字经》简介

"人之初，性本善。性相近，习相远。"这朗朗上口的《三字经》想必几乎每个中华儿女都能吟诵上几句。《三字经》自问世七百余年来一直是儿童启蒙的必读之书，是中国古代启蒙教材中最具代表性的作品之一，也是流传至今的众多中华传统经典中最有影响力的作品之一。

目前多数人认为《三字经》为南宋王应麟所著。王应麟（1223—1296），字伯厚，号深宁居士，庆元府（今浙江宁波）人，淳祐元年登进士第，因长于经史考据，熟悉天文地理、掌故制度，故一再升迁，官至礼部尚书兼给事中。王应麟忠直敢言，学问渊博，于经史百家、天文地理等皆有研究，熟悉掌故制度，考证也颇为精洽，著述颇丰。《宋史》记载他是一位忧时、爱国，并能参与政事的人。不仅如此，他在蒙学教育方面的成就在当时更是独树一帜，除《三字经》外还著有《蒙训》《补注急就篇》《小学讽咏》《小学绀珠》等百余卷蒙学及文字学著作，足见其对教育的重视和身体力行。《三字经》就是王应麟为了更好地教育本族子弟而编写的，融会了经、史、子、集的三字歌诀。

王应麟所著的《三字经》中的历史部分只截至宋朝为止，随着历史的发展，为了体现时代变迁，后世文人相继对《三字经》进行了不同程度的增补和修改。虽经多次增补和修改，但《三字经》所体现的"仁、义、诚、敬、孝"的中华传统道德观念，以及其"三字成句，句句叶韵，朗朗上口，通俗易懂"的编排体例是一脉相承并不断发展的。《三字经》自成书近八百年以来，一直是中国儿童识字知理的重要教材，广为流传。而且，《三字经》的影响不限于国内，从明朝开始，《三字经》就已流传到了国外，在深受中华文化影响的日本、韩国、新加坡等周边国家，《三字经》的影响颇广，并且《三字经》还被翻译成了拉丁文、英文等多种文字。1990 年，联合国教科文组织将《三字经》选入"儿童道德丛书"之中，把它作为道德教育教材之一。由此可见，《三字经》流传时间之长、范围之广、影响之大，在世界文化史中也属罕见，这也足见《三字经》之魅力。

《三字经》之所以能有如此大的影响，是因为其体现了中华优秀传统文化的深厚底蕴。《三字经》是中华民族珍贵的文化遗产，是中国古代经典当中最浅显易懂的读本之一。它短小精悍、朗朗上口、内容浅显易懂，千百年来家喻户晓，受到历代儿童的喜爱，成为中国最经典的传统启蒙教材之一。《三字经》取材多源于古代典故，包括中国传统文化的文学、历史、哲学、天文地理、人伦义理、忠孝节义等，其核心思想是"仁、义、诚、敬、孝"的传统道德观。《三字经》在整体内容上又大体可分为五个部分，其中包括文化、社会生活和历史常识，都属于知识教育的范畴，所占比重较大。思想教育除"三纲五常"外，更多的是勉励读书、为人处世的教育。各个部分构成结构严谨的整体，重点突出，内容完整丰富。《三字经》除了能教孩子们识字，还能让他们了解常识及故事蕴含的道理，可担负起对小学生进行知识教育和思想教育的任务。此外，《三字经》独具的魅力还在于它的独特编排体例。《三字经》全书结构严谨、文字简练，将零散的知识贯穿起来，使读书积累的百科知识，得以纳入一个清晰的知识体系，概括性极强，读起来朗朗上口，既有趣又能启迪心智。

以上所述也是今天我们继续诵读和传承《三字经》的意义所在。虽然《三字经》成书年代距我们已经很遥远了，而且其中一些体现封建伦理道德的部分已经不适应今天的社会要求了，但其体现的中华传统美德是我们今天依然需要学习和传承的。我们需要将其所体现的优秀传统文化和现代社会观念相结合，使中华优秀文化在传承中发展，使中华儿女在继承中创新。

二、《三字经》与小学语文教学

语文是一门课程，更是贯穿于生活、学习各阶段的一种应用手段。"语"指口头语言，"文"指书面语言，口语和书面语构成了语文最基本的要素，能力、感情和方法等都建立在这两个因素之上。语文教学的基础是识字教学，而《三字经》是古代教育识字的基础，全文一千多字，虽然这个数量远达不到识字要求，但加上《百家姓》和《千字文》，识字量就可达到 2000，能做到用时短、效率高。《义务教育语文课程标准（2022 年版）》规定小学三、四年级须累计认识常用汉字 2500 个左右，其中会写 1600 个，用时长、效率较低。今天的小学生学习压力大，除了课内的学习还有很多课外的知识和技能的学习，学习条件和能力有很大提升。识字是进行学科学习的基础，因此小学语文教学应注意提高小学生的识字率。孩子除了跟上课内的识字教学，还要补充课外阅读，除了阅读中国小学生分级阅读书目规定书以外，还要读《三字经》等传统启蒙读物。读《三字经》不但可以让孩子达到识字要求，而且熟读成诵能训练孩子的记忆力，也可以让他们形成记忆做到脱口而出，对小学生写作能力的提升也有帮助。此外，《三字经》的道德教育内容也是丰富的，对做好小学生思想政教育、更好地传承和弘扬优秀传统文化有积极影响，我们应珍惜这份精神财富，继续研究并运用有利于小学教育教学的因素。

三、部编版小学语文教材中《三字经》内容概览

（一）一年级上册

1.识字1　天地人　三才者，天地人。

2.识字2　金木水火土

曰水火，木金土。此五行，本乎数。

3.阅读4　四季

曰春夏，曰秋冬。此四时，运不穷。

4.语文园地七"字词句运用"——读一读，背一背。

曰南北，曰西东。此四方，应乎中。

（二）一年级下册

1.识字1　春夏秋冬

曰春夏，曰秋冬。此四时，运不穷。

2.语文园地三　"和大人一起读"

父子亲，夫妇顺。

3.识字8　人之初

人之初——贵以专

子不学——不知义

（三）二年级上册

1. 识字 4　田家四季歌

曰春夏，曰秋冬。此四时，运不穷。

2. 语文园地二　"日积月累"

曰仁义，礼智信。此五常，不容紊。
论语者，二十篇。群弟子，记善言。

3. 课文 13　寒号鸟

勤有功，戏无益。戒之哉，宜勉励。

4. 语文园地六"日积月累"

彼既成，众称异。尔小生，宜立志。

5. 语文园地六"我爱阅读"

夏有禹。

（四）二年级下册

1. 语文园地四"日积月累"

曰仁义，礼智信。此五常，不容紊。

2. 语文园地五"日积月累"

唯德学，唯才艺。不如人，当自励。
尔幼学，勉而致。
勤有功，戏无益。戒之哉，宜勉力。

3. 语文园地六"日积月累"

稻粱菽，麦黍稷。此六谷，人所食。

4.语文园地七"日积月累"

曰春夏，曰秋冬。此四时，运不穷。

（五）三年级上册

1.第三单元 10 在牛肚子里旅行

长幼序，友与朋。

2.第八单元 24 司马光

长幼序，友与朋。

3.第八单元 25 灰雀

曰仁义，礼智信。此五常，不容紊。
曰喜怒，曰哀惧。爱恶欲，七情具。

4.第八单元 口语交际 请教

亲师友，习礼仪。

5.第八单元 语文园地"日积月累"

曰仁义，礼智信。
论语者，二十篇。群弟子，记善言。
孟子者，七篇止。讲道德，说仁义。

（六）三年级下册

1.第二单元 5 守株待兔

勤有功，戏无益。戒之哉，宜勉力。

2.第二单元 5 守株待兔 阅读链接《南辕北辙》

曰南北，曰西东。此四方，应乎中。

3.第三单元　9　古诗三首　九月九日忆山东兄弟

首孝悌，次见闻。

4.第三单元　10　纸的发明

披蒲编，削竹简。

5.第六单元　语文园地"日积月累"

有连山，有归藏。有周易，三易详。
论语者，二十篇。群弟子，记善言。
三传者，有公羊。有左氏，有谷梁。

（七）四年级上册

1.第二单元　语文园地"日积月累"

孝经通，四书熟。如六经，始可读。
口而诵，心而惟。朝于斯，夕于斯。

2.第四单元　语文园地"快乐读书吧"

自羲农，至黄帝。号三皇，居上世。

3.第六单元　18　牛和鹅　阅读链接《牛的写意》

马牛羊，鸡犬豕。此六畜，人所饲。

4.第六单元　语文园地"日积月累"

曰仁义，礼智信。此五常，不容紊。

（八）四年级下册

1.第一单元　2　乡下人家

马牛羊，鸡犬豕。此六畜，人所饲。

2.第四单元　14　母鸡

马牛羊，鸡犬豕。此六畜，人所饲。

3.第六单元　18　文言文二则　囊萤夜读

如囊萤，如映雪。家虽贫，学不辍。

4.第六单元　18　文言文二则　铁杵成针

苟不教，性乃迁。教之道，贵以专。

玉不琢，不成器。人不学，不知义。

5.语文园地六"词句段运用"

如囊萤，如映雪。家虽贫，学不辍。

苟不教，性乃迁。教之道，贵以专。

玉不琢，不成器。人不学，不知义。

头悬梁，锥刺股。彼不教，自勤苦。

为人子，方少时。亲师友，习礼仪。

6.第七单元　语文园地"日积月累"

有连山，有归藏。有周易，三易详。

五子者，有荀扬。文中子，及老庄。

论语者，二十篇。群弟子，记善言。

孟子者，七篇止。讲道德，说仁义。

为学者，必有初。小学终，至四书。

7.第八单元　语文园地"日积月累"

子不学，非所宜。幼不学，老何为？人不学，不知义。

勤有功，戏无益。戒之哉，宜勉力。

（九）五年级上册

1.第二单元 6 将相和

始春秋，终战国。五霸强，七雄出。

2.语文园地二"日积月累"

子不学，非所宜。幼不学，老何为？人不学，不知义。
勤有功，戏无益。戒之哉，宜勉力。尔小生，宜早思。

3.第八单元 24 古人谈读书

人不学，不知义。
勤有功，戏无益。戒之哉，宜勉力。尔小生，宜早思。
论语者，二十篇。群弟子，记善言。
苟不学，曷为人。

（十）五年级下册

1.第四单元 10 青山处处埋忠骨 11 军神 12 清贫

上致君，下泽民。

2.第八单元 语文园地"日积月累"

论语者，二十篇。群弟子，记善言。
三传者，有公羊。有左氏，有谷梁。
孟子者，七篇止。讲道德，说仁义。

（十一）六年级上册

1.第二单元 语文园地"日积月累"

上致君，下泽民。

2.第六单元 语文园地"日积月累"

日水火，木金土。此五行，本乎数。

稻粱菽，麦黍稷。此六谷，人所食。

匏土革，木石金。丝与竹，乃八音。

3.第七单元 22 文言文二则 伯牙鼓琴

匏土革，木石金。丝与竹，乃八音。

亲师友，习礼仪。

长幼序，友与朋。

（十二）六年级下册

1.第一单元 语文园地"日积月累"长歌行（少壮不努力，老大徒伤悲）

子不学，非所宜。幼不学，老何为？

2.第四单元 12 为人民服务

上致君，下泽明

3.第五单元 14 文言文二则 学弈

教之道，贵以专。

4.第五单元 语文园地"日积月累"

有连山，有归藏。有周易，三易详。

孝经通，四书熟。如六经，始可读。

5.古诗词诵读 采薇（节选）

曰国风，曰雅颂。号四诗，当讽咏。

第二节 《三字经》教学释义

人之初，性本善。性相近，习相远。苟不教，性乃迁。教之道，贵以专。

教学释义： 人生下来本性都是善良的，人性的差别也是极小的。但由于后来每个人所处的环境和受教育不同，人的性情便产生了差异。如果不好好教育孩子，孩子善良的本性就会改变。而说到教育的方法，最重要的是专心致志。

昔孟母，择邻处。子不学，断机杼。

教学释义： 古时候，孟子的母亲为了使孟子有好的学习环境，曾三次搬家。还有一次孟子逃学回家，孟母生气地把织布机上的布剪断，以此来告诫孟子学习不能半途而废。

窦燕山，有义方。教五子，名俱扬。

教学释义： 古时候有个叫窦禹钧的人住在燕山，十分熟悉教育人的方法，他教育出的五个儿子后来都成为有用之才，当了官出了名。

养不教，父之过。教不严，师之惰。

教学释义： 光养活而不教育儿女，是当父母的过错。光教育而不严格要求，是做老师的怠惰。

子不学，非所宜。幼不学，老何为？

教学释义： 一个人不学习，这是很不应该的。年少时不好好学习，长大了难道会有所作为吗？

玉不琢，不成器。人不学，不知义。

教学释义： 玉石不经过打磨或雕刻，就不能成为有用或值钱的器皿。人如果不学习，就不会知道做人的基本道理和基本规范。

为人子，方少时。亲师友，习礼仪。

教学释义： 做儿女的，在年少时就要拜师访友，学习如何待人的礼仪和做人的原则。

香九龄，能温席。孝于亲，所当执。

教学释义： 黄香九岁时就懂得夏天为父亲扇凉枕席，冬天为父亲暖被窝。孝敬父母是做人的基本原则。

融四岁，能让梨。弟于长，宜先知。首孝悌，次见闻。

教学释义： 孔融四岁时就懂得谦让，能把大个的梨让给哥哥吃。这种尊敬和友爱兄长的道理是每个人从小就应该知道的。做人首先具备良好品德，其次才是学习知识。

知某数，识某文。一而十，十而百。百而千，千而万。

教学释义： 要学会算数，必须先学会认字。二者都要从最初的"一"开始，循序渐进，一直到无穷大。

三才者，天地人。三光者，日月星。

教学释义： 世间有"三才"，是天、地、人；宇宙有"三光"，是日、月、星。

三纲者，君臣义。父子亲，夫妇顺。

教学释义："三纲"即"君为臣纲，父为子纲，夫为妻纲"，属于封建思想。讲究的是君臣之间臣要绝对服从君主，父子和夫妻之间的关系也是如此，这样才能使家庭和睦。

曰春夏，曰秋冬。此四时，运不穷。

教学释义：春、夏、秋、冬是一年的四季，它们每年循环运转一次，永无穷尽。

曰南北，曰西东。此四方，应乎中。

教学释义：南、北、西、东是地理的四个主要方位，它们是与中央或中间方位相对应而言的。古人用朱雀、玄武、白虎、青龙四种动物代表南、北、西、东四个方位。

曰水火，木金土。此五行，本乎数。

教学释义：水、火、木、金、土被称为"阴阳五行"，五行来源于天理。

曰仁义，礼智信。此五常，不容紊。

教学释义：仁、义、礼、智、信被称作"五常"，它是指导人们举止行为的常理。所以每个人都应遵守，不可怠慢疏忽。

稻粱菽，麦黍稷。此六谷，人所食。

教学释义：稻子、谷子、豆子、麦子、黍米、高粱称为"六谷"，它们是人类食用的主要粮食作物。

马牛羊，鸡犬豕。此六畜，人所饲。

教学释义：马、牛、羊、鸡、狗、猪是六种家畜，它们是人类饲养的主要牲畜。

曰喜怒，曰哀惧。爱恶欲，七情具。

教学释义：欢喜、发怒、悲哀、恐惧、爱恋、厌恶、欲望是人天生就具有的七种情感，不用学习就会无师自通。

匏土革，木石金。丝与竹，乃八音。

教学释义：匏瓜、陶土、皮革、木材、石头、金属、丝和竹子是制作八种乐器的材料。

高曾祖，父而身。身而子，子而孙。自子孙，至玄曾。乃九族，人之伦。

教学释义：上溯是高祖、曾祖、祖父、父亲到自己，下延是由自己、儿子、孙子、曾孙而至玄孙。这九代构成每个家庭世系中的九族，各代之间的长幼尊卑秩序称之为"人伦"。

父子恩，夫妇从。兄则友，弟则恭。长幼序，友与朋。君则敬，臣则忠。此十义，人所同。

教学释义：父子间讲恩情，妻子应随丈夫，兄长应对弟弟友爱，弟弟应对哥哥恭敬，长幼之间要有秩序，朋友相交要讲信义，做君王的要尊重臣子，做臣子的要忠于君王。这是封建社会每个人都遵守的十种准则。

凡训蒙，须讲究。详训诂，明句读。

教学释义：凡是对儿童进行启蒙教育，必须讲究教授的方式和方法。要对儿童详细讲清每个字的含义，要让他们明白每句话的断句与道理。

为学者，必有初。小学终，至四书。

教学释义：作为一个求学的人，一定是由浅入深地先打好基础，先要学好《小学》，然后才可以学习儒家经典"四书"。

论语者，二十篇。群弟子，记善言。孟子者，七篇止。讲道德，说仁义。

教学释义：《论语》共有二十篇文章，是孔子的弟子们记录孔子对他们的教导。《孟子》一书只有七篇，讲的是道德与仁义。

作中庸，子思笔。中不偏，庸不易。作大学，乃曾子。自修齐，至平治。

教学释义：《中庸》一书为孔伋所作，"中"就是不偏不倚的意思，"庸"就是不变的道理。《大学》是曾子所作，讲修身齐家和治国平天下的道理。

孝经通，四书熟。如六经，始可读。

教学释义：通读、记熟《孝经》和"四书"后才可以读"六经"。

诗书易，礼春秋。号六经，当讲求。

教学释义：《诗经》《尚书》《易经》《礼记》《春秋》《乐经》号称"六经"，是应当好好学习和研究的著作。

有连山，有归藏。有周易，三易详。

教学释义：《易经》是我国古代著名的学术著作，它有三种版本，分别叫作《连山》《归藏》《周易》。

有典谟，有训诰。有誓命，书之奥。

教学释义:《尚书》的体裁有"典""谟""训""诰""誓""命"几种，文辞的含义深奥。

我周公，作周礼。著六官，存治体。
教学释义:《周礼》是周公创制的，它记录了周朝的六部职官，周朝的政治体制因此得以保存和流传。

大小戴，注礼记。述圣言，礼乐备。
教学释义:汉朝的戴德、戴圣叔侄俩把孔子等圣贤阐述礼记的言论编辑著成《礼记》，使周朝的礼乐齐备，供后人学习。

曰国风，曰雅颂。号四诗，当讽咏。
教学释义:"国风""大雅""小雅""颂"是《诗经》的四种体裁，应该好好地背诵吟咏。

诗既亡，春秋作。寓褒贬，别善恶。
教学释义:随着周朝的灭亡，派官员进行采诗的制度也不存在了。为了记录史实以教育后人，孔子著作了一部《春秋》，书中通过赞扬或批评来区别善与恶。

三传者，有公羊。有左氏，有谷梁。
教学释义:注释与解说《春秋》的著作很多，最著名的称为"三传"，即《公羊传》《左传》《谷梁传》。

经既明，方读子。撮其要，记其事。五子者，有荀扬。文中子，及老庄。经子通，读诸史。考世系，知终始。
教学释义:把儒家的这些经典都读懂之后，才可以读诸子百家的书。

读诸子的书，只要抓住它的要点，记住主要内容就行了。诸子百家中有五家的书不可不读，他们是荀子、扬子、文中子、老子和庄子。经书和诸子的书读完之后，就应该读有关各朝的史书了，通过考察历代帝王的世系，了解各朝兴亡和终始的原因。

自羲农，至黄帝。号三皇，居上世。

教学释义： 伏羲、神农和黄帝号称"三皇"，传说他们是上古时期中华民族著名的领袖人物。

唐有虞，号二帝。相揖逊，称盛世。

教学释义： 唐尧和禹舜号称"二帝"，他们互相恭让帝位，他们统治的时期可以称为太平盛世。

夏有禹，商有汤。周武王，称三王。

教学释义： 夏朝的大禹，商朝的成汤，周朝的周文王、周武王，合称为"三王"。

夏传子，家天下。四百载，迁夏社。

教学释义： 自夏朝的开国之君禹把帝位传给儿子启之后，中国就开始了家天下的王朝继承制度。夏朝政权延续了四百年后灭亡。

汤伐夏，国号商。六百载，至纣亡。

教学释义： 商汤取代夏桀后建立的王朝称为商。经历了六百年之后，到纣王时就灭亡了。

周武王，始诛纣。八百载，最长久。

教学释义：周武王起兵诛讨纣王，开创了周朝。周朝统治期八百年，是中国历史上延续时间最长的王朝。

周辙东，王纲坠。逞干戈，尚游说。

教学释义：周平王把国都从镐京迁到洛阳以后，周王朝的统治就崩溃了。诸侯之间战争频繁，不受周朝君王的约束，连士大夫阶层也只重口才而不讲仁义。

始春秋，终战国。五霸强，七雄出。

教学释义：从春秋时代开始，到战国时代结束，先后有五个强大的诸侯争夺霸主的地位，又有七个强大的诸侯国长期割据称雄。

嬴秦氏，始兼并。传二世，楚汉争。

教学释义：秦始皇在位时，秦国开始兼并六国，并建立了统一的秦王朝，但秦国只传了两代。到秦二世时，西楚霸王项羽和汉王刘邦兴兵争天下。

高祖兴，汉业建。至孝平，王莽篡。

教学释义：汉高祖刘邦打败项羽建立西汉，到汉平帝时，又被王莽篡夺了帝位。

光武兴，为东汉。四百年，终于献。

教学释义：光武帝刘秀复兴汉朝后称为东汉。西汉和东汉延续了四百年，到汉献帝时，汉朝灭亡。

魏蜀吴，争汉鼎。号三国，迄两晋。

教学释义：魏、蜀、吴三家争夺汉朝的天下，历史上称为三国时期，后被晋朝统一。晋朝分为东晋和西晋，也称两晋王朝。

宋齐继，梁陈承。为南朝，都金陵。

教学释义：在南方，相继兴起的是宋、齐、梁、陈四个朝代，后世统称为南朝，国都均设在金陵（今江苏省南京市）。

北元魏，分东西。宇文周，与高齐。

教学释义：在北方，最先兴起的是北魏，后来又分为东魏和西魏。北周宇文氏灭掉了东魏，西魏则被北齐的高洋取代。

迨至隋，一土宇。不再传，失统绪。

教学释义：到了隋朝，中国又实现了统一的局面。不过，隋朝只传了一代，就丧失了政权。

唐高祖，起义师。除隋乱，创国基。二十传，三百载。梁灭之，国乃改。

教学释义：唐高祖李渊发起仁义之师，扫除了隋末的混乱局面，开创了唐朝的基业。唐朝传了二十世，历时三百年后梁灭唐改换了朝代。

梁唐晋，及汉周。称五代，皆有由。

教学释义：后梁、后唐、后晋、后汉、后周，统称五代，都有兴衰传承的历史缘由。

炎宋兴，受周禅。十八传，南北混。

教学释义：赵氏宋朝兴起，接受了后周的让位，两宋一共传了十八世，南北中国才统一。

辽与金，帝号纷。迨灭辽，宋犹存。

教学释义： 辽国和金国相继在北方兴起，他们都称帝，建立过王朝。金国灭辽之后，南宋依然存在。

至元兴，金绪歇。有宋世，一同灭。

教学释义： 元朝兴起的时候，金国的力量才被渐渐削弱，直到与南宋一起被元朝灭掉。

并中国，兼戎狄。九十年，国祚废。

教学释义： 元朝灭掉金国、南宋之后统一了中国。在统一中国之前，元朝灭掉不少中原之外的其他小国。九十年后，元朝失去了统治中原的帝位。

明太祖，久亲师。传建文，方四祀。迁北京，永乐嗣。

教学释义： 明太祖朱元璋长久以来亲自带兵征讨四方，终于建立了明朝。他把皇位传给了自己的孙子建文帝，刚刚过去四年就发生了动乱。国都由南京迁往北京，明成祖朱棣夺取侄儿建文帝的帝位，定年号为永乐。

迨崇祯，煤山逝。清太祖，膺景命。靖四方，克大定。

教学释义： 到了明思宗崇祯年间，李自成带兵起义，攻进北京城，崇祯皇帝在煤山自尽。清太祖承受天命，平定女真族四方部落，统一了全族。

至世祖，乃大同。十二世，清祚终。

教学释义： 到了世祖这一代，清终于一统天下，建立盛世。十二代帝王之后，清朝的国祚终结。

读史者，考实录。通古今，若亲目。

教学释义：凡是研究历史的人，还应考察历代君王宫廷活动的原始文献，能达到通晓古往今来的规律，就像自己亲眼所见一样，才能把历史的经验拿来指导今天的行动。

口而诵，心而惟。朝于斯，夕于斯。

教学释义：读经书、诸子书和史书时，都要遵循一边口中朗读，同时心中进行思考的方法。学习不光白天要学习，晚上也要勤学苦读。

昔仲尼，师项橐。古圣贤，尚勤学。

教学释义：从前，孔子曾拜过七岁的小孩儿项橐为师。作为古代的圣贤，他还这样勤学而不耻下问。

赵中令，读鲁论。彼既仕，学且勤。

教学释义：宋朝的宰相赵普一生爱读《论语》，他已经做了高官，学习还如此勤奋。

披蒲编，削竹简。彼无书，且知勉。

教学释义：汉朝的路温舒将蒲草编织成席抄书学习，公孙弘将竹子削成竹简抄书学习。他们都是家里穷，没书可读，但尚且知道刻苦读书的人。

头悬梁，锥刺股。彼不教，自勤苦。

教学释义：汉朝的孙敬在读书时用绳子把头发扎住吊在屋梁上，以免学习时瞌睡。战国时的苏秦读书困了时用锥子刺自己的大腿。他们学习时没人教授，靠的是勤奋自学。

如囊萤，如映雪。家虽贫，学不辍。

教学释义：又如晋朝的车胤，夏天的夜里，用装有萤火虫的丝袋借光读书。晋朝的孙康，冬天的夜里借着白雪反衬的月光读书。他们虽然家贫，没钱点灯，但仍想办法不至于夜晚中断学习。

如负薪，如挂角。身虽劳，犹苦卓。

教学释义：汉朝的朱买臣，一面背柴一面读书。隋朝的李密骑牛外出时，牛角上挂着书，以便随时阅读。他们虽然身体劳累，学习却越发刻苦。

苏老泉，二十七。始发愤，读书籍。彼既老，犹悔迟。尔小生，宜早思。

教学释义：苏洵27岁才开始发奋读书，成才之后才明白读书的重要性，后悔自己读书晚了。所以，人应趁年少尽早努力学习。

若梁灏，八十二。对大廷，魁多士。彼既成，众称异。尔小生，宜立志。

教学释义：梁灏82岁还去参加朝廷举行的科考，并中了进士。他的成功受到了大家的称赞。人应从小树立读书成才的志向。

莹八岁，能咏诗。泌七岁，能赋棋。彼颖悟，人称奇。尔幼学，当效之。

教学释义：祖莹八岁作诗，李密七岁写赋论道，他们聪明出众，人人称奇。少年儿童应当效仿他们，从小立志学习。

蔡文姬，能辨琴。谢道韫，能咏吟。彼女子，且聪敏。尔男子，当自警。

教学释义：蔡文姬能辨识琴音，谢道韫能赋诗咏雪，女子尚且这样聪明灵敏，男子更应当自觉警醒。在重男轻女的封建社会，没有太多读书学习机会的女性都这么努力上进，生活在现代社会的人更应该珍惜读书学习的机会。

唐刘晏，方七岁。举神童，作正字。晏虽幼，身已仕。尔幼学，勉而致。有为者，亦若是。

教学释义：刘晏7岁就被举荐为神童，当了翰林院的正字。虽然年龄小，但已步入仕途建功立业。要向刘晏学习，从小读书，并勉励自己努力学习。历史上凡是有作为的人，都是这样的。

犬守夜，鸡司晨。苟不学，曷为人？

教学释义：狗有守夜的功劳，公鸡有报晓的作用，你们如果不读书学习，就没有本事，又怎么做人？

蚕吐丝，蜂酿蜜。人不学，不如物。

教学释义：蚕能吐丝，蜂能酿蜜，做人如果不学习，就连动物都不如。

幼而学，壮而行。上致君，下泽民。扬名声，显父母。光于前，裕于后。

教学释义：年幼时好好读书学习，成人之后才能有本事干一番事业。上可以为国家做贡献，下可以为人民谋福利。这样可以得到好名声，使父母光荣，造福子孙。

人遗子，金满籯。我教子，唯一经。

教学释义：别人留给儿孙留是满筐的金银钱财，我教育孩子的只有这本三字经。

勤有功，戏无益。戒之哉，宜勉力。

教学释义： 只要勤勉努力就会成功，嬉戏懒惰是没有好处的，好好记住我的劝告，努力上进。

第三节　《三字经》教学设计示例

教学设计一

【**教学内容**】《三字经》识字课

【**教学目标**】

1.认识 16 个生字，会写 10 个字。运用学过的识字方法，记住要求会写的字，做到姿势正确，书写工整；

2.正确、流利地朗读课文，感受祖国的伟大。让学生自读，提出问题，通过不同途径找答案；

3.培养学生热爱祖国的情感，感悟丰富的文化内涵。

【**教学重难点**】

重点：本课生字词，练习写好字。

难点：感知中华民族悠久的历史文化。

【**教学方法**】

讲授法、合作探究法

【**教学过程**】

（一）导入新课

1.以"聊天"的方式了解学情，做到心中有数。（同学们，你们平时上语文课用什么方法学习生字呢？你们在学习课文前会做些什么呢？）

2.用学生喜欢的方法，一同学习有趣的《三字经》。

（二）目标示导

1.会认本课 16 个生字，会写 10 个字。

2.运用学过的识字方法，记住要求会写的字。

（三）自主学习

1.选择你喜欢的方法，借助汉语拼音把课文读通顺，加点的生字多读几遍。

2.把认为最难读的句子画出来，反复诵读。

3.汇报交流：交流难读的句子的基础上读通课文。

（这个环节以读通、读顺课文，读准字音为重点，让学生充分地读，自由地读，真正将读落到实处，同时，通过设计让学生读通最难读的句子，感受到成功的喜悦，激发学生的学习热情。）

（四）合作探究

1.小组合作，自学生字。

2.探究学习生字的方法

3.积累词语，巩固生字。

（五）精讲点评

1.通过多种形式激发学生主动识字的兴趣，并扎实落实低年级识字教学目标，让学生在快乐中自主识字、在学词与学文中巩固生字，有效地突出本课的重点。

2.自读自悟，学习课文。

（1）选择喜欢的方式读课文，边读边想"读懂了什么"。

（2）汇报交流。

（3）指导朗读。

（4）背一背（自己背、同桌互背、拍手背、表演背）。

3. 提问：同学们还知道《三字经》的哪些知识？

4. 编创"三字经"。

《三字经》内容丰富、道理深刻，读起来朗朗上口，趣味横生。请同学们试着编创属于你们自己的"三字经"。

例：根据"黄河宽，生命源"编创"长江长，生命源"。

"大熊猫，国之宝"，想一想还有哪些动物也是我国的国宝。（丹顶鹤，国之宝。）教师引导学生打开思路，鼓励创编学生熟悉、喜爱、感兴趣的"三字经"。

（六）检测评价

1. 总结生字：出示生字卡片，要求学生准确、响亮地读三遍，进行书写训练，目标是让学生对生字不仅会读，还要会写。

2. 总结识字方法：想和它们永远成为好朋友吗？选择你喜欢的方法记住它们。

例：已："己"字出头"已"。

远：元+辶＝远，还可以想：二个小儿走了很远很远（想象记生字）。

孙：子＋小＝孙（偏旁＋熟字），我是爷爷的孙子，就是个很小的孩子。

（鼓励学生：孩子们真了不起，有这么多方法记忆生字词，相信你们能书写得更漂亮。）

3. 指导书写：引导学生分析哪个字最好写，如何写得漂亮？哪个字最难写，如何把它写好？继续进行书写训练，要求坐姿正确，同时教师巡视并点评、指导。

例："已"第二笔要写在横中线上。

"孙"要写得左窄右宽。

（七）总结反思

通过学习"新三字经"，让学生自由阅读"预防近视三字经"：

近视眼，看不远；做事情，不方便。

要防止，不算难；做起来，要认真。

读书时，坐端正；眼离书，一尺远。

温功课，一小时；停一停，再来看。

光线暗，不看书；伤眼睛，损视力。

阳光下，莫看书；光太强，眼发花。

坐车子，睡床上；要记住，莫看书。

三字经，记心里；照着做，防近视。

教学设计二

【教学内容】部编版一年级下册第五单元识字8《人之初》

【教学目标】

1.会认"之、初、性、善、习、教、贵、专、幼"等13个生字。

2.正确、规范地书写"之、远、近"和偏旁"走之"，知道半包围结构的笔顺。

3.通过理解字义、讲故事的方法大致理解课文第一小节的意思。

4.正确、流利、有节奏地朗读课文，引导背诵。

重点：

1.会认读生字。

2.正确、规范地书写偏旁，知道半包围结构的笔顺。

难点：通过老师讲解大致理解课文第一小节的意思。

【教学方法】

讲授法、提问法、引导教学法

【教学过程】

（一）激趣导入

1. 提问：700 年前的小朋友读什么书？

2. 播放视频：古代私塾学生朗诵《三字经》片段。

3. 介绍《三字经》，激发阅读兴趣。

4. 导入并板书课题。

（二）初读课文，整体感知

1. 提出读书要求：声音洪亮，有节奏、有感情地朗读课文，努力读准每个字音。

2. 自由朗读课文。

3. 以开火车的形式检查朗读并齐读课文。

（三）学文识字

模块一：人之初，性本善

1. 出示：人之初，性本善。

2. 认识"初"字。

（1）请学生介绍"初"字。

（2）老师强调"初"字的偏旁是"衣"字旁，讲解"初"字的来历，加深理解记忆。

（3）组词理解：初春、初夏、初秋、初冬、初始、人之初。

（4）讲解生词："人之初"指的是人刚出生的时候。

3. 认识"善"。

（1）"善"在古代的写法（突出有趣，出示甲骨文"善"）。

（2）引导学生猜字形、分析字形、了解"善"字演变过程。

（3）在古代，"羊"代表美好、吉祥，如"善良""美好""吉祥"都与羊有关。

（4）鼓励学生夸奖身边像小羊一样善良的人。

模块二：性相近，习相远

1.出示"性相近，习相远"。

2.认识"性"字。

（1）学生介绍"性"字，提问与哪个字长得像？

（2）区别："性"和"姓"，读音相同，偏旁不同。

（3）小结：使用联想比较识字法。

3.认识"习"字。

（1）生活中是否见过这个字？（"习"字是常见字。）

（2）小结：生活中到处可以识字。

（3）理解"性相近，习相远"中，"习"指习惯，举例说自己的好习惯和坏习惯。

模块三：苟不教，性乃迁。教之道，贵以专

1.质疑过渡：《三字经》中说"人之初，性本善"，可为什么有的人善良，有人的人却做了许多坏事？

2.出示：苟不教，性乃迁。教之道，贵以专。

3.认识"教"。

（1）讲解古代的"教"字写法（学生看图猜字形，分析字形，了解演变）。

（2）小结：古人重视教育。

（3）讲李迁和王专的故事，帮助学生理解课文内容。

（4）结合故事，认识"教""贵""专"等字。

（四）巩固生字，引导背诵

1.把认识的字放回课文里读，会有不同的收获。

2. 拍手朗读并齐读课文。

3. 引导学生背诵,积累。

（五）写字指导

1. 做好写字准备:静心。

2. 观察"远""近"两个字的特点。

3. 指导书写"之"和"走之"。

4. 指导书写"远""近",强调笔顺。

5. 学生书写,老师检查指导。

（六）好书推荐

1. 推荐好书《三字经》。

2. 指导学生如何挑选适合一年级阅读的《三字经》:注音且图文结合。

教学设计三

【教学内容】

昔孟母,择邻处。子不学,断机杼。

窦燕山,有义方。教五子,名俱扬。

【教学目标】

1. 通过学习《三字经》选文,理解其含义,感受中华民族优秀的传统文化。

2. 通过朗读背诵《三字经》选文,体会其语言的节奏和韵律感。

3. 感受中华优秀传统文化的丰富内涵,使学生懂得努力读书对人生的重要性,培养学生克服困难努力学习的精神。

【教学重难点】

重点:通过学习《三字经》,让学生感受中华优秀文化传统。

难点：学生会判断《三字经》中的精髓内容。

【教学方法】讲授法、引导式教学法

【教学过程】

（一）激趣导入，揭示课题

1.提问：有没有人读过《三字经》？

2.介绍三字经。《三字经》是我国古代经典的启蒙读物，是伟大祖国浩瀚的文化长河中绚丽的一朵浪花。（通过介绍经典唤醒和增强学生自豪感。）

（二）初读感知

教师出示《三字经》并范读内容，要求学生自己读一读这几句《三字经》选文，要求读准字音，注意正确停顿。

（三）学文晓理

1.讲述故事，引发学生思考。

（1）选文虽寥寥数字，但背后蕴含着深刻道理和动人故事，如《孟母教子》和《五子登科》的故事。（老师给学生讲，引起学生学习的兴趣。）

提示：作者仅用了几个字就把这整个故事概括出来了，怎么概括的？让我们读一读："昔孟母，择邻处。子不学，断机杼。窦燕山，有义方。教五子，名俱扬。"

（2）学生讲自己的感受。

老师总结：每个父母为了孩子能够成才，努力给孩子营造良好的学习环境，为此心甘情愿付出。儿女应该感恩父母的劳动和付出，要发奋读书，用高尚的品格和优秀的学习成绩感恩和回报父母。

2.结合之前学习内容，思考《三字经》还告诉了我们哪些道理？（回顾所学，巩固新知。）

（1）"人之初，性本善。性相近，习相远。"

（2）"苟不教，性乃迁。教之道，贵以专。"

（3）"养不教，父之过。教不严，师之惰。"

（学生自由发言，教师总结评价。）

（四）配乐诵读

1. 师配乐范读、朗读。

2. 品读解意。

教师边读边解释内容，随机请学生结合《三字经》的内容，谈谈学习后的收获。

（五）扩展活动

《三字经》里还有很多关于指导教育学习的内容，教师可要求学生搜集材料，把自己喜欢的内容与同学们分享交流或制作一份手抄报。

教学设计四

【教学内容】

为人子，方少时。亲师友，习礼仪。

香九龄，能温席。孝于亲，所当执。

融四岁，能让梨。弟于长，宜先知。

【教学目标】

1. 正确流利地朗诵原文，积累语言；

2. 会讲选文中的故事，了解"孝敬父母、互相谦让"是中华传统美德，要继承和发扬这种美德。

3. 进行感恩教育，培养学生崇高美好的品质。

【教学重难点】

1. 正确流利地朗读原文，熟读成诵。

2.体会原文的含义，学习古人孝敬父母、互相谦让的道德礼仪。

【教学方法】讲授法

【教学准备】

1.《黄香温席》《孔融让梨》的配音动画课件。

2.《三字经》朗读录音。

【教学过程】

（一）故事激趣

1.提问：听过《黄香温席》《孔融让梨》的故事吗？

2.播放《黄香温席》《孔融让梨》动画课件，要求学生认真看、用心听、仔细想，要求听完能回答以下问题：故事中主人公各做了一件什么事？他们为什么会这么做？你通过观看他们的故事明白了什么道理？

3.引出课题：这两个故事出自今天要学的《三字经》，一起阅读原文走进故事。

（二）诵读感悟

1.教师范读，要求学生认真听，注意不认识字的发音。

2.学生自由朗读，画出生字，进行标注，要借助拼音多读几遍。

3.阅读过程中同桌互相正音，把原文读通读顺读熟。

4.教师范读。结合范读提示学生，古文的朗读不但要读音正确，更要读出节奏和韵律，读出感情。（播放《三字经》标准朗读录音，再次示范后再让学生试着读。）

5.指名朗读，学生互评。

6.全班同学开火车读。

7.评出班级诵读能手。

8.全班同学打节奏，齐声背诵。

（三）拓展升华

1.读《三字经》选文，结合生活理解其中的深意。

2.在生活中，你如何关心父母？看到别人不孝的行为，你会有何感想？

3.你该怎样和家人同学相处？

（四）总结提升

黄香和孔融为后人纪念，不是医为他们的建功立业，而是因为他们从小懂得孝敬父母、关心他人、谦虚礼让的美德。这些都是中华民族优秀的传统美德，在今天我们更要学会用爱和感恩让世界变得更加美丽和谐。

【作业布置】

在理解《三字经》内容的基础上回家背诵给家长听，再把相关的两个故事讲一讲。

教学设计五

【教学内容】

1.三才者，天地人。三光者，日月星。

三纲者，君臣义。父子亲，夫妇顺。

曰春夏，曰秋冬。此四时，运不穷。

曰南北，曰西东。此四方，应乎中。

曰水火，木金土。此五行，本乎数。

2.稻粱菽，麦黍稷。此六谷，人所食。

马牛羊，鸡犬豕。此六畜，人所饲。

【教学目标】

1.阅读《三字经》选文，了解其中的人文故事，懂得勤奋学习的道理。

2.激发学生阅读和学习传统经典的兴趣，增强学生民族自豪感，树立文化自信。

【教学重难点】

重点：了解《三字经》选文中的人文故事，懂得勤奋学习的道理。

难点：背诵《三字经》，增强学生民族自豪感，树立文化自信。

【教学方法】

讲授法、情境教学法、讨论法

【教学准备】

1.《三字经》选文教学课件。

2.相关教学图片。

【教学过程】

（一）谈话导入，整体感知《三字经》

1.导入：读书会使我们增长知识，陶冶情操。今天我们要学习的《三字经》是我国古代蒙学经典，可谓家喻户晓。（测试学生对《三字经》的了解程度。）请同学们与老师一起背一背，老师一句，同学们一句，背得越多越好。（师生接背。）

2.《三字经》简介：《三字经》流传到现在，已经有了七百多年的历史，且版本众多。不同版本主要内容和结构并没有太大变化。今天，让我们一起学习《三字经》选文，一起揭示古代的教育、历史、天文、地理、伦理道德和名人故事。

（二）读《三字经》，讲人文故事

1.老师引导学生读生字，再范读选文，指名让学生读，齐读。

2.找名人，讲故事。《三字经》里讲述了很多名人故事，你知道哪些人的故事？（引导学生思考并回答。）

3.指导阅读。根据学生讲述的名人故事，教师可以适当拓展内容，对学生进行传统文化教育和思想政治教育，教育学生继承和弘扬传统文化，成为担当民族复兴大任的时代新人。

4.配乐朗读。（指导配乐个性化朗读，齐读。）

小结：《三字经》选文介绍了许多名人故事，同学们要领会其中的道理并践行于自己的学习生活中。

（三）读《三字经》，学史地知识，三纲五常相关部分应再斟酌

《三字经》是一部千古奇书，不仅让我们知道了诸多名人故事，还让我们从中学到了各种知识。

1.出示课件：

（1）三才者，天地人。三光者，日月星。三纲者，君臣义。父子亲，夫妇顺。曰春夏，曰秋冬。此四时，运不穷。曰南北，曰西东。此四方，应乎中。曰水火，木金土。此五行，本乎数。

（2）稻粱菽（shū），麦黍（shǔ）稷（jì）。此六谷，人所食。马牛羊，鸡犬豕（shǐ）。此六畜，人所饲。

2.再读选文，深入理解含义。可同桌互读，要求互相纠正，注意朗读节奏，要有感情地读。

3.了解知识：以小组合作或同桌评议的方式揭示这两段话里蕴含的史地知识。

（1）三才，指天、地、人。

（2）三光，指日、月、星。

（3）三纲，指君为臣纲、父为子纲、夫为妻纲。

（4）四时，指春、夏、秋、冬四季。

（5）四方，指东、南、西、北四个方向。

（6）五行，指金、木、水、火、土。

（7）六谷，指稻子、谷子、豆子、麦子、黍米、高粱，即五谷杂粮。

（8）六畜，指马、牛、羊、鸡、狗、猪，即家畜。

4.小结：知识是人类最宝贵的财富，我们很有必要把这两段含金量极高的话背下来。

生：试背，指名背（师生、生生合作背），齐背。（不能背的可跟读。）

师：《三字经》浅显易懂，有更多的知识等着同学们去发现。

【作业布置】

在理解《三字经》选文内容的基础上进行背诵，深刻领悟《三字经》丰富的内涵，以名人事迹激励自己，在学习上不断进步。

教学设计六

【教学内容】

为学者，必有初。小学终，至四书。

论语者，二十篇。群弟子，记善言。

【教学目标】

1.理解并熟诵《三字经》选文。

2.通过查找资料了解《小学》、"四书"的大致内容，对学生进行热爱中国古代文化的教育。

3.复习巩固已学内容。

【教学重难点】

重点：激发学生学习中国古代文化的求知欲望。

难点：了解《小学》、"四书"的大概内容。

【教学方法】

讲法、引导教学法、讨论法、游戏教学法

【教学准备】

课件、《三字经》读本

【教学过程】

（一）新课导入

提问：同学们有什么好的学习方法？是否清楚古代的小朋友是怎样读书？（围绕这一问题提出课题。）

（二）精讲新课

1. 出示新授语句：为学者，必有初。小学终，至四书。

2. 学生试读，教师引导学生纠正字音。

3. 教师引导学生想象古代学生读书学习的情景：透过学堂窗户，你看到了什么？听到了什么？由此，你对古代学生的学习有了哪些了解？小组交流讨论。

4. 学生根据查找到的资料交流对《小学》、"四书"的了解。

5. 鼓励学生试着讲解新学语句所含意思。

6. 学生自由诵读（该环节可利用游戏形式进行），小组齐诵。

7. "四书"中我们先学习第一本书《论语》。出示新授语句：论语者，二十篇。群弟子，记善言。（步骤同上）

（三）游戏教学，巩固所学

1. 以分组相对拍手的游戏方式，边拍手边诵读已学的《三字经》选文。

2. 以接龙游戏方式诵读《三字经》选文。（游戏过程中教师引导学生纠正误读情况，鼓励及时改错）

3. 知识拓展：《论语》中记录了孔子的许多故事，想必同学们一定有所耳闻。请同学们讲一讲你所知道的孔子的故事。

（四）本课小结

通过学习，你在本课《三字经》中学到了什么内容？所学的语句是什么？让你有了怎样的感悟和体会呢？在学习方法上有没有获得新的启示？

【作业布置】请同学们放学回家给家长讲解《三字经》所学内容。

教学设计七

【教学内容】

夏有禹，商有汤。周武王，称三王。

【教学目标】

1. 读《三字经》选文，理解含义，熟读成诵。

2. 通过对选文的学习，使学生明白德才兼备的重要性，努力培养学生高尚品德。

3. 了解"大禹治水"的故事，向古人学习，让学生树立远大志向。

【教学重难点】

重点：理解原文含义，熟读成诵。

难点：理解德才兼备的人才能被世人称颂。

【教学方法】

讲授法、谈话法、讨论法

【教学准备】

课件、《三字经》读本

【教学过程】

（一）谈话导入

每年夏天，我国部分地区都会因为下雨导致洪涝灾害，给人们的工作学习生活带来许多不便。这种情况不得不让我们想到一个问题，那就是如何治水？早在夏朝就有一个君主对治水很有研究，那个人就是——大禹。

提问：同学们听说过大禹治水的故事吗？

讲大禹治水的故事。强调大禹是一位好君主，他为了治水，三过家门而不入，得到了百姓的拥护和爱戴。《孔子·泰伯篇》中说："禹，吾无间然矣！菲饮食，而致孝乎鬼神；恶衣服，而致美乎黻冕；卑宫室，而尽力乎沟洫。禹，吾无间然矣！"意思是说，对于大禹，我没有什么好批评的，为什么呢？因为他自己吃得很差，但是把祭祀祖先和神的祭品办得非常丰盛；自己穿得很差，但是把祭祀衣服做得很华美；他住得也很简陋，但是把精力完全用在水利建设上。这足以证明在孔子的心中大禹的地位是多么的崇高。《三字经》中就把大禹的名字编了进去，同学们想不想读一读？

（二）初读感知、品读解意

1. 初读感知。首先让学生自由阅读，要求查字典解决生字词，达到读准字音要求；其次教师领读，学生跟读，感受语言的韵律美；最后指名读，评价学生朗读情况，鼓励学生背诵选文。

2. 品读解意。本节课学习的《三字经》选文属于历史知识部分，要让学生通过学习回答以下问题：从历史上夏、商、周三个朝代的更迭应该读懂什么问题？禹、汤和武王三位君主都有什么功绩？（学生分组推荐代表讲述收集的故事，要求讲述故事生动形象，突出故事情节。）

小结：商汤、周武王和大禹都是非常善良、仁爱、开明的君主，都因德才兼备才被后人称为"三王"。所以，优秀的领导者都应该德才兼备。

（三）花式朗读

1. 学生练习朗读。

2. 男女生比赛朗读。

3.小组比赛朗读。

（四）背诵比赛

1.重点字填空：夏有（　　　），商有（　　　）。周（　　　），称（　　　）。

2.主句填空：夏有禹，（　　　）。周武王，（　　　）。

（五）联系实际，感悟升华

如果长大后你成了市长，你会怎么治理你在的城市？

【作业布置】请同学们试着说说学习本节课的收获。

教学设计八

【教学内容】

苏老泉，二十七，始发愤，读书籍。

彼既老，犹悔迟，尔小生，宜早思。

【教学目标】

1.读通选文内容，理解基本意思。

2.通过学习选文，增强学生的学习意识，培养学生良好的学习习惯。

3.感受古文的魅力，体会古文简洁凝练的语言特征。

【教学重难点】

重点：引导学生理解文义。

难点：通过诵读和理解，培养学生良好的学习习惯。

【教学方法】

讲授法、情境教学法、讨论法

【教学准备】

课件、《三字经》读本

【教学过程】

（一）复习导入

1.《三字经》是我国古代优秀的蒙学教材，近年来，联合国教科文组织把《三字经》等列入"世界儿童道德教育丛书"，可见其影响之深远。

2.复习所学《三字经》内容，为进一步学习打基础。

（二）理解句意

1.学生朗读内容，利用字典解决生字词，初步思考句子含义。

2.指名让学生读，教师纠正字音。

3.以小组为单位，讨论字词意思，加强对选文的理解。

4.小组推荐一名同学分享文义，教师重点点拨。

（三）拓展阅读

长歌行

（汉乐府）

青青园中葵，朝露待日晞。

阳春布德泽，万物生光辉。

常恐秋节至，焜黄华叶衰。

百川东到海，何时复西归？

少壮不努力，老大徒伤悲。

劝　学

[唐] 颜真卿

三更灯火五更鸡，正是男儿读书时。

黑发不知勤学早，白首方悔读书迟。

观书有感

[宋] 朱 熹

半亩方塘一鉴开，天光云影共徘徊。

问渠那得清如许？为有源头活水来。

（四）自由编创

1. 在熟读理解《三字经》的基础上模仿古人，编几句《三字经》。
2. 教师评选优秀作品进行点评并鼓励编创。

（五）总结延伸

1. 小结：只要能坚持珍惜时间刻苦勤学，就一定会有成才之日。
2. 课后以小组形式为自己编创的"三字经"编曲、演唱。

教学设计九

【教学内容】

周辙东，王纲坠。逞干戈，尚游说。

始春秋，终战国。五霸强，七雄出。

嬴秦氏，始兼并。传二世，楚汉争。

高祖兴，汉业建。至孝平，王莽篡。

【教学目标】

1. 通过预习解决生字词，达到熟读成诵的程度。

2. 了解中国古代史的传承，明白人的行为准则要符合社会发展的规则，要乐于接受他人的意见，知错能改。

3. 让学生记住各个朝代的基本信息、重要人物及相关文化知识。

【教学重难点】

重点：领悟所学内容的历史事件、人物及道理。

难点：体会经文承载的历史意义，明白以史为鉴的道理。

【教学方法】

讲授法、引导教学法、讨论法

【教学准备】

课件、《三字经》读本

【教学过程】

（一）复习回顾

上节课我们学习了三皇开创文明，两帝禅让，夏禹治水，商汤灭桀，周王灭纣和夏商周三代的历史故事。

（二）新课导入

跟随不断向前的历史车轮，我们继续，看看春秋战国时期。春秋战国是混乱的时代，但那时出现了历史上著名的春秋五霸、战国七雄。让我们通过学习来一起了解历史。

（三）诵读感悟

1. 初读正音。教师在预习基础上范读，提醒学生注意朗读节奏和音韵变化，跟着老师有节奏有感情地诵读选文，最后全体同学齐读。

2. 再读课文。学生比赛读（比一比谁读得最准确、流利）或开火车读，每人读一句（比一比谁读得最有感情）。

3. 尝试背诵。鼓励学生背诵（背诵一句或整个选文），可以接龙背诵（老师说上句，学生接下句），最后全班拍手齐背。

（四）理解课文

1. 教师逐句讲解选文大意。

2.通过历史故事引导学生了解春秋战国时期各国之间的纷争，总结："历史和社会在发展，个人的行为准则要符合社会发展的规则。"

3.春秋战国时期的历史故事非常多，个个精彩，如楚庄王的故事。（播放动画片《一鸣惊人的楚庄王》。）

4.看动画评价楚庄王是怎样的一个人？（知错能改，善于接受别人的意见。）

（五）本课小结

秦始皇嬴政虽统一了全国，却因为实行暴政以及后世不遵守社会发展规则而再次使局面变得动荡和混乱。楚庄王开始虽然贪玩、不理朝政，但是他能改正错误，乐于接受他人意见，使自己日渐强大，这也是他最终成为霸主的原因之一。

所以，无论什么时候我们都要遵守社会规则，乐于接受他人的意见，知错能改。

【作业布置】把本节课所学的道理讲给家长听。

教学设计十

【教学内容】

迨至隋，一土宇。不再传，失统绪。

唐高祖，起义师。除隋乱，创国基。

二十传，三百载。梁灭之，国乃改。

梁唐晋，及汉周。称五代，皆有由。

【教学目标】

1.正确诵读选文，理解文义并熟读成诵。

2.通过学习激发学生对中华传统文化浓厚的兴趣。

【教学重难点】

重点：让学生在多种形式的诵读中感悟"迨至隋，一土宇。不再传，失统绪。唐高祖，起义师。除隋乱，创国基。二十传，三百载。梁灭之，国乃改。梁唐晋，及汉周，称五代，皆有由"经典韵文的意思，并熟读成诵。

难点：通过学习激发学生对中华传统文化浓厚的兴趣。

【课前准备】小黑板、多媒体课件

【教学方法】讲授法

【教学过程】

（一）导入

古人云，熟读《三字经》可知天下事。今天我们继续学习《三字经》，看看能从中知道哪些事。

（二）诵读韵文，感悟理解

1. 听录音范读选文基础上学生自由朗读。

2. 同桌练习朗读选文并互检。

3. 指名朗读选文或分小组朗读选文。

4. 教师解读文义。（结合图片）

（1）迨至隋，一土宇。不再传，失统绪。

教学释义：杨坚统一了中国建立了隋朝，他的儿子隋炀帝杨广即位后荒淫无道，因此隋朝很快就灭亡了。

（2）唐高祖，起义师。除隋乱，创国基。

教学释义：唐高祖李渊起兵灭了隋朝，后又战胜了各路叛军取得天下建立唐朝。

（3）二十传，三百载。梁灭之，国乃改。

教学释义：唐朝的统治历经二十代皇帝，将近三百年，至唐哀帝被朱全忠篡位建立梁朝灭亡。

（4）梁唐晋，及汉周。称五代，皆有由。

教学释义：后梁、后唐、后晋、后汉和后周五个朝代的更替时期，历史上称作"五代"，这五个朝代的更替都有自身的原因。

5.齐读选文进行小结：每一句都包含一个故事，仔细研读品味含义。

（三）指导背诵

过渡：鼓励学生诵读，指出优点并鼓励背诵。

1.句子补充完整。

迨至隋，（　　　　）。不再传，（　　　　）。唐高祖，（　　　　）。除隋乱，（　　　　）。

2.填充词句。

二十传，（　　　　）。梁灭之，（　　　　）。梁唐晋，（　　　　）。称五代，（　　　　）。

（四）总结

祖先给我们留下的传统文化内容丰富，今天我们学习了部分内容，了解了许多朝代的历史。希望同学们课后自己继续查阅和了解更多历史知识。

第二章 《百家姓》

第一节 《百家姓》与小学语文

一、《百家姓》简介

中华民族是一个对姓氏极为看重的民族。姓氏长期以来一直作为按血统区别亲疏的标志，同时也是中华儿女血缘寻根的最为重要的依据之一，因而有关记载、考据姓氏的著述也不在少数。有关姓氏的文字记载可以上溯至商代甲骨文。战国时由史官编著的《世本》，记载了黄帝至春秋时期诸侯大夫的姓氏、世系、居邑等，这是我国第一部系统的姓氏专著。

在众多关于姓氏的著作中，成书于北宋初年的《百家姓》则是流传得最为广泛的，也是众多中华传统经典中流传范围最广、影响最大的作品之一。《百家姓》是一部关于汉字姓氏的作品，按文献记载，成文于北宋初，原收集姓氏 411 个，后增补到 504 个，其中单姓 444 个，复姓 60 个。文章采用四言体例，对姓氏进行了排列，而且句句押韵，虽然它的内容没有文理，但对于中国姓氏文化的传承、中国文字的认识等方面都起了巨大作用，这也是它能够流传千百年的一个重要因素。"赵钱孙李"成为《百家姓》前四姓，是因为百家姓形成于宋朝，故而宋朝皇帝的赵氏、吴越国国王钱俶、正妃孙氏以及南唐国主李氏成为百家姓前四位。《百家姓》穿越千年历史的漫长时空，流传至今，其根源在于我国延续了千年的以宗法氏族为基本单位的社会结构形成了中华民族注重血脉渊源、尊崇先祖、怜惜族人的民族情怀。

在中华民族数千年的发展历程中，各个姓氏并非一直就存在，每一个姓氏都有其产生和演变的过程，而很多姓氏在漫长的历史时空中也早已消失。据一些学者统计，中国 56 个民族从古至今使用过的姓氏达11969 个姓，而现今仍在使用的姓氏有 3000 多个。这些姓氏产生、演变，乃至消失的历史错综复杂，几乎每一个姓氏都有其独特的历史。而对于姓氏，人们最关心的莫过于这些姓氏的历史起源。中华姓氏的源出大致包括以下几类：

第一种，以祖先的图腾崇拜物为姓氏。在史前时期，各部落几乎都有自己所崇拜的特定图腾，这些图腾也是区分各个部落的依据，一些图腾名也成了一些部落居民的姓，例如：熊、马、牛、羊、龙等。

第二种，以祖先名字中的字、先祖的职业或官职、先祖的谥号等为姓。因为按照古代宗法制度，嫡长子族系称为宗子，次子及其后的诸子族系被称为小宗，而小宗的次子被称为别子。按照古时的宗法制度，别子不得以祖上姓氏为姓，故而别子多以祖父的字、官位、爵、谥号为姓。例如，楚庄王的支系子孙有以其谥号"庄"为姓者；周代有负责主管饲养祭祀时所用的牲畜的官职，名叫充人（"充"有养育的意思），充人后裔遂有以官职"充"为姓者；春秋时卫武公的儿子惠孙任卫国上卿，他的孙子名乙，字武仲，以祖父的字"孙"为姓。

第三种，以封地名和国名为姓氏。夏、商、周和两汉时期分封制盛行，因而划出了诸多的封邑地，也建立了众多的诸侯国。很多诸侯国灭亡之后其王族后裔遂以国名为姓，产生了很多新的姓氏。这也是秦、楚、齐、燕、韩、赵、魏、吴、郑、陈、卫、沈、吕等春秋战国时期诸侯国名同时是姓氏的原因所在。

第四种，以山名、河名为姓氏。例如"乔"姓，相传黄帝死后葬于桥山（今陕西黄陵），其后裔中有人居住于桥山为其守陵，居于桥山守墓者遂以"桥"为姓，而后简化为"乔"。还有"姜"姓，相传炎帝（一说即神农氏）出生并居住在姜水，故以"姜"为姓。

第五种，以居住地的方位为姓氏。古代城邑都修筑有城墙作为防御外敌的保护工事，称为城，而在城的外围再加筑的一道城墙则被称为郭。周代住在国都郭墙里面的东、南、西、北四个方向的齐国王族大夫，分别有以东郭、南郭、西郭、北郭为姓者。西门、南门的源出也与此大致相同。

第六种，以部落的名称为姓氏。这种在上古时期形成的姓氏及民族融合过程中少数民族学汉俗改汉姓的过程中形成的姓氏较多。例如，复姓呼延、慕容、宇文、尉迟、万俟等姓氏，都属于少数民族学汉俗改汉姓的过程中形成的姓氏。

第七种，少数民族改汉姓和汉族人改为少数民族姓氏。少数民族改汉姓在北魏时期最为盛行。北魏孝文帝迁都洛阳进入中原后，大力推行民族融合，鼓励百姓改汉姓，很多随迁而来的北方少数民族居民都改汉姓。包括孝文帝本人也改北魏皇族本姓拓跋氏为"元"姓。而在辽、夏、金、元时代，汉族人改换为少数民族姓氏的也很多。

当然，上述并非中华民族姓氏起源的全部源出，还有以出生时的异象为姓，以数量词、排行次序及天干地支为姓，以同音字、形近字为姓，帝王赐姓等多种源出。而且在许多姓氏的源出中夹杂着大量的神话传说，并非可靠史实，但其仍然是中华姓氏文化的一种体现。

今天，我们应当科学地看待姓氏的源出和历史，不能按照遗传学的角度解读姓氏。应该说，姓氏更多代表的并非血缘，而是一个族群，一个社会共同体中人们基于共同的经济社会生活，共同的语言、习俗，所形成的文化认同感。

而《百家姓》能够作为中国古代蒙学的重要教材，除了其通篇采用四言体例，句句押韵，读来顺口，易学好记的特点外，更多的是它在历史的衍化中，为人们寻找宗脉源流，建立宗脉意义上的归属感，帮助人们认识传统的血亲情结，提供了重要的文本依据，是中国人认识自我与家族来龙去脉不可缺少的文化文献基础蓝本。

二、《百家姓》与小学语文教学

《百家姓》是我国传统文化的重要组成部分之一，是中国古代赏析传统文化、学习中华文化和提高语文素养的经典读本之一。作为中国优秀文化的重要组成部分之一，传统姓氏不仅有着深厚的历史底蕴，还具有教育意义和独特特征。因此，将《百家姓》纳入小学语文教学中，引导学生通过读取百姓姓氏、了解姓氏故事和深入挖掘姓氏文化内涵，不仅可以帮助学生打破局限、拓宽视野、提高语文素养，也是培养学生爱国、尊老、尊师、敬祖的重要途径，能促进小学生对传统文化的理解和热爱，培养他们的文化素养和民族自尊心。

首先，诵读可以让学生从字形、音韵、内涵等方面了解各个姓氏的文化内涵。学生可以了解到含义深刻的一些姓氏，如王姓，其本意为王者、君主之意，意味着这个家族具有领袖、王者的勇气和能力。学生可以通过细致的阅读和研究，更好地了解姓氏背后所蕴含的文化内涵。此外，《百家姓》也体现了中国古代社会中的嫁娶习俗和家族谱系。通过阅读《百家姓》，学生可以了解到一些用来描述婚姻和家族血脉的成语。

其次，诵读百姓姓氏可以让学生提高阅读理解能力、语言鉴赏能力与写作能力，帮助学生更好地掌握语文知识和技能。提高阅读理解能力对于学生来说是提高语文能力的重要手段之一，而《百家姓》的语言准确生动，能锻炼学生的阅读理解能力和解说短文的能力；诵读《百家姓》

不仅让学生谙熟各种姓氏，在阅读过程中，学生还需要熟练处理和运用各种语言和文化元素，从而提高语言鉴赏能力；通过了解《百家姓》中的姓氏故事和文化内涵，学生可以将姓氏知识运用到自己的写作中，比如，学生可以从阅读过程中领悟的内涵入手，在写作中体现出文化底蕴和格局的提升，同时也锻炼学生的创意、写作能力等。

最后，教育教学虽然是一个学习和教育的过程，但也需要关注学生的思维培养。精心设计和书写的《百家姓》教案、生动的讲解可以有效提升学生的思维能力。在诵读百家姓的过程中，教师可以带领学生通过分析和理解文本，提高学生的理性思维。例如：读王姓，学生可以思考领袖代表的伟大价值、权力代表的责任尽职、领导者代表的团队协作等，从而培养学生的理性思维。在诵读百家姓时，学生不仅需要了解纯文字的表意，更要尝试将其与现实生活和真实事件挂钩，挖掘文本之外的深意，从而培养学生的创新思维。比如，教师可以引导学生通过姓氏结合一些事件来创意出一篇文本，以达到培养学生创新思维能力的目的。

《百家姓》作为一部古代经典启蒙读物，可以让小学生从中学到很多知识和技能。阅读理解《百家姓》是提高小学生语文水平、培养学生的思维能力和增强文化素养的有效途径。笔者希望小学生不仅了解姓氏的文化底蕴和内涵，而且要在阅读和思考的过程中，积累阅读理解能力、语言鉴赏能力、写作技能和思维能力，进而亲近古代文化，增强自信心与文化自信心，成就自己的未来。

三、部编版小学语文教材中《百家姓》内容概览

语文一年级下册识字课2《姓氏歌》：

② 姓氏歌

nǐ xìng shén me wǒ xìng lǐ
你姓什么？我姓李。

shén me lǐ mù zǐ lǐ
什么李？木子李。

tā xìng shén me tā xìng zhāng
他姓什么？他姓张。

shén me zhāng gōng cháng zhāng
什么张？弓长张。

gǔ yuè hú kǒu tiān wú
古月胡，口天吴，

shuāng rén xú yán wǔ xǔ
双人徐，言午许。

zhōng guó xìng shì yǒu hěn duō
中国姓氏有很多，

zhào qián sūn lǐ
赵、钱、孙、李，

zhōu wú zhèng wáng
周、吴、郑、王，

zhū gě dōng fāng
诸葛、东方，

shàng guān ōu yáng
上官、欧阳……

本文由人民教育出版社小学语文室编写。

4

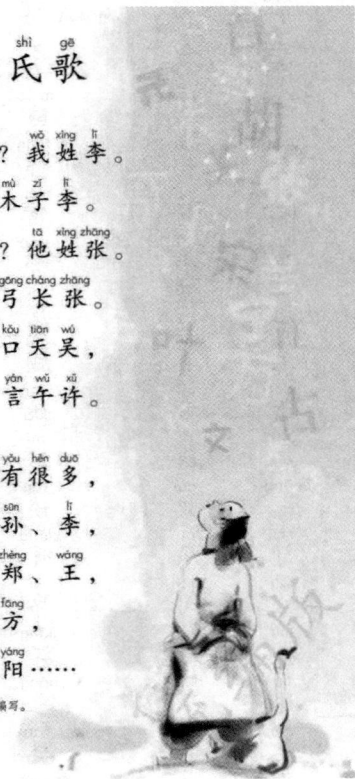

第二节 《百家姓》教学注释

一、《百家姓》

zhào 赵	qián 钱	sūn 孙	lǐ 李，	zhōu 周	wú 吴	zhèng 郑	wáng 王。
féng 冯	chén 陈	chǔ 褚	wèi 卫，	jiāng 蒋	shěn 沈	hán 韩	yáng 杨。
zhū 朱	qín 秦	yóu 尤	xǔ 许，	hé 何	lǚ 吕	shī 施	zhāng 张。
kǒng 孔	cáo 曹	yán 严	huá 华，	jīn 金	wèi 魏	táo 陶	jiāng 姜。

戚谢邹喻，柏水窦章。
云苏潘葛，奚范彭郎。
鲁韦昌马，苗凤花方。
俞任袁柳，酆鲍史唐。
费廉岑薛，雷贺倪汤。
滕殷罗毕，郝邬安常。
乐于时傅，皮卞齐康。
伍余元卜，顾孟平黄。
和穆萧尹，姚邵湛汪。
祁毛禹狄，米贝明臧。
计伏成戴，谈宋茅庞。
熊纪舒屈，项祝董梁。
杜阮蓝闵，席李麻强。
贾路娄危，江童颜郭。
梅盛林刁，钟徐邱骆。
高夏蔡田，樊胡凌霍。
虞万支柯，昝管卢莫。
经房裘缪，干解应宗。
丁宣贲邓，郁单杭洪。
包诸左石，崔吉钮龚。
程稽邢滑，裴陆荣翁。
荀羊於惠，甄曲家封。
芮羿储新，汲邴糜松。
井段富巫，乌焦巴弓。
牧隗山谷，车侯宓蓬。
全郗班仰，秋仲伊宫。
宁仇栾暴，甘钭厉戎。

龙。薄鄂蒙双逢雍通。农充容终弘东隆融空丰红公阳方羊阳屠狐容。

束蓟从屠苍劳郦寿尚阎鱼庾满阙夔敖饶须荆桓欧东公濮申令慕

詹黎邰蔺能贡宰牛浦瞿艾廖耿禄越勾简鞠后益官人迟政叔辕孙

景郜蒲卓胥谭冉濮郏柴宦戈都广蔚晁那养查盖上闻尉宗太轩长

刘，韶，怀，赖，郁翟，堵，桂冀晏习，慎步，寇，利，聂，阚，乜，相，逯，马，葛，甫冶，于，孙，文，

符司白籍阴党扶桑燕庄茹易衡文沃厍辛沙蒯权司诸皇公单于孙宇

武幸宿咸乔莘申璩扈别连古居国叟巩訾毋关竺俟侯连台于孙离

祖叶印索池闻姬郤边温慕向暨匡欧师冷曾巢游万夏赫澹淳公钟

鲜于闾丘，司徒司空。
亓官司寇，仉督子车。
颛孙端木，巫马公西。
漆雕乐正，壤驷公良。
拓跋夹谷，宰父谷梁。
晋楚闫法，汝鄢涂钦。
段干百里，东郭南门。
呼延归海，羊舌微生。
岳帅缑亢，况邱有琴。
梁丘左丘，东门西门。
商牟佘佴，伯赏南宫。
墨哈谯笪，年爱阳佟。
第五言福，百家姓终。

二、部分姓氏源起

1. 赵：最早姓赵的人是颛顼帝的子孙造父。造父是个赶马车的行家，因在一次战争中救驾有功，周天子把赵城赏赐给他做封地。此后，造父的子孙便以封地为姓，都姓赵。

2. 钱：颛顼帝有一个叫孚的子孙，在周王朝担任"钱府上士"这个官职。钱府上士是一个专门管理国家钱币与财务的职位，孚就用这个官名做了自己的姓。

3. 孙：按周朝的风俗，孙子辈的人大多数是不能跟他们的祖父用一个姓的，只能在祖父的名字里挑一个字做自己的姓。东周初期，卫国君主的儿子名叫姬惠孙。姬惠孙的孙子，就用他祖父名字里的"孙"字做自己的姓。

4. 李：商代有一个大臣叫理徵，因为得罪了商王而被处死。他的妻子带着儿子逃难，在路上缺衣少食，靠着李子野果才活了下来。理徵的后代为了纪念逃亡的经历，改姓为"李"。

5. 雷：相传，方雷氏是神农氏的后世子孙，他辅佐黄帝征战四方，因为战功被封于方山，建立诸侯国。他的子孙以国名为氏，复姓方雷，后来姓氏简化为方、雷两个姓氏。

6. 贺：春秋时期，齐桓公有孙名公孙庆克，其子庆封以父亲的名字为姓氏，自称庆氏。在东汉时期，汉安帝的父亲名叫刘庆，庆氏一族为了避讳，把"庆"姓改为意义相同的"贺"姓。

7. 安：上古时期，黄帝与嫘祖生了两个儿子，长子叫玄嚣(xiāo)，次子叫昌意。昌意也有两个儿子，长子叫颛顼，次子叫安，安的子孙以先祖的名字为姓氏，自称安氏。

8. 常：武王灭商后，把他的弟弟姬封封于康邑，世人称姬封为康叔封。后来康叔把他的儿子封在常地，于是康叔这一支子孙就以常为姓。

9. 钟：周初，纣王的兄长微子被封到宋地。至宋桓公时，王室后裔州犁逃到楚国，任楚国太宰，食邑封于钟离，他的后人于是以地名为氏或单称钟氏，代代相传。

10. 林：殷商太师比干被纣王所害，比干的正夫人妫氏刚怀有三个月的身孕，连忙逃出朝歌，在长林（今河南卫辉、淇县一带）石室之中生下男婴，起名为泉，字长恩。周武王灭商建周后对比干的忠烈十分敬仰，便赐其后裔林姓。

11. 司马：司马本是官名，负责执掌国家军队，佐政辅国，权势重大。周宣王时期，司马程伯休父攻克了许方，立下大功，周宣王允许他以官职为姓，遂形成司马氏。

12. 上官：春秋时期，楚国有处地名叫上官，楚庄王将他的儿子子兰封为上官大夫。公子子兰的子孙就以居住地"上官"为姓，形成了上官氏。

13. 欧阳：无疆，春秋时越王勾践的七世孙，无疆的次子蹄被封于乌程欧余山的南部，山南为阳，所以蹄又被称为欧阳亭侯，无疆的支庶子孙，于是以此为姓氏，形成了欧、欧阳、欧侯三个姓氏。

14.长孙：北魏道武帝拓跋珪的曾祖父有两个儿子，大儿子沙莫雄，小儿子什翼健，其中什翼健就是拓跋珪的直系祖父，等到拓跋珪建立北魏称帝后，因为沙莫雄是曾祖父的长孙，就赐他的儿子姓长孙。

第三节　《百家姓》教学设计示例

教学设计一

【教学内容】《姓氏歌》

【教学目标】

1.学生能通过自主预习等方式认读生字，并且能正确、工整地书写生字。

2.学生能认识弓字旁、走字旁、金字旁3个偏旁。

3.学生能正确朗读和背诵《姓氏歌》，并采取合适的方法向别人介绍自己知道的姓氏。

【教学重难点】

重点：学生能通过自主预习等方式学会认读书写生字词。

难点：学生能背诵《姓氏歌》，并能向别人介绍自己知道的姓氏。

【教学方法】

讲授法、引导教学法

【教学过程】

（一）儿歌导入，揭示课题

1. 播放《百家姓》儿歌，学生跟唱。

2. 说说自己姓什么，在儿歌中是否听到了自己的姓氏。

3. 揭示课题"姓氏歌"并板书。

（二）朗读感知，学习生字

1. 初读课文，整体感知。

（1）出示课文，教师范读，学生听读，并标画小节。

（2）学生自读课文并圈出生字多读几遍。

2. 合作学习，识记生字。

（1）出示生字"张""赵""钱"，学习新偏旁。

（2）指名朗读生字。

（3）介绍偏旁。

（4）说说一个字在做偏旁时和原来的写法有什么不同。

（5）教师指导写字，强调写法。

3. 出示生字，同桌讨论有什么好方法可以快速记住它们。（猜谜法：四四方方一个框，里面住着小玉儿——国；部件组合法：又又成双。）

4. 出示生字卡，学生领读、自由读、小组读、开火车读。

5. 生字找朋友（给生字组词）。

（三）合作朗读，学习第一节

1. 指名朗读第一节。

2. 齐读第一节。

3. 了解第一节的姓氏介绍方法。

出示："什么李？木子李。什么张？弓长张。古月胡，口天吴，双人徐，言午许。"

（1）小组讨论发现了什么规律？（通过把字拆开的方式来介绍姓氏。）

（2）出示几个姓氏，采取你问我答的形式让学生尝试拆分。如：什么章？立早章。什么林？双木林。什么陈？耳东陈。

（3）再次齐读。

（4）同桌之间以拍手游戏的方式朗读第一节。

4.采用不同的方法介绍清楚自己的姓氏。

出示：你姓什么？我姓方。什么方？方向的方。（组词法）

（四）学习第二节

1.齐读第二节。

2.拍起手儿唱起歌，了解更多姓氏。

中国姓氏有很多，你还知道哪个？

中国姓氏有很多，我还知道刘。

什么刘？文刀刘。

3.根据第一小节学的姓氏介绍方法编儿歌，说一说班级同学都姓什么，如何介绍。

4.学习复姓。

（1）齐读文中的复姓。

（2）说一说还知道哪些复姓。（司徒、司马、第五、令狐）

（3）说一说复姓名人，帮助记忆复姓。（司马光、诸葛亮、上官婉儿、欧阳修、东方朔）

（五）介绍《百家姓》（略）

（六）课堂小结

这节课我们学习了很多中国传统姓氏，其实每个姓氏都有自己的来历和故事。希望课下同学们能够在家长的帮助下，去查一查自己姓氏的故事，相信大家一定会有新的收获。

【作业布置】

1. 在田字格里抄写生字。

2. 查找自己姓氏的故事，并分享在学习群里。

教学设计二（常见姓氏）

一、赵

【教学内容】 宋朝国姓——赵

【教学目标】

1. 了解《百家姓》第一个姓氏为什么是"赵"。

2. 认识一些著名的赵姓历史人物。

3. 探索赵姓在文学、艺术和民间传说中的体现。

4. 增强学生对中国姓氏文化的认识和兴趣。

【教学重难点】

重点：了解《百家姓》第一个姓氏为什么是"赵"，认识一些著名的赵姓历史人物。

难点：探索"赵"姓在文学、艺术和民间传说中的体现，提高学生对中国姓氏文化的认识。

【教学方法】

讲授法、引导教学法

【教学过程】

1. 播放《百家姓》儿歌，引出问题：为什么《百家姓》的第一个姓是赵？

教师与学生进行探讨，从现有观点进行论证。如：相传《百家姓》是宋朝时编著的，赵是宋朝国姓，所以放在第一位。

2. 借由《百家姓》引出传奇人物赵匡胤，并简要讲解一下"陈桥兵变，黄袍加身"和"杯酒释兵权"的历史典故。

3. 将学生分成小组，让他们讨论赵姓的历史人物和故事。每个小组选择一个历史人物，进行角色扮演或演讲。

4. 讨论"赵"起源于何时，经由历史人物或其他证据作为理论支撑进行论述。如：赵高可证明其出现在秦朝，赵国可证明其出现在战国，甲骨文可证明其出现在殷商，等等。

【作业布置】

学生根据课堂所学回家自行查阅资料自行设计并完成一份赵姓调查表。

二、马

【教学内容】少数民族——马

【教学目标】

1. 了解中国主要少数民族的姓氏来源和特点。

2. 认识不同民族间的文化交流和融合。

3. 探索姓氏在民族文化中的意义和作用。

4. 增强学生对中华民族多元一体的认识和理解。

【教学重难点】

重点：了解中国主要少数民族的姓氏来源和特点，认识不同民族间的文化交流和融合。

难点：探索姓氏在民族文化中的意义和作用，提升学生对中华民族多元一体的认识和理解。

【教学方法】

讲授法、引导教学法

【教学过程】

1. 介绍少数民族姓氏的多样性。展示中国 56 个民族第一姓氏统计图，介绍中国主要少数民族及其代表姓氏，将学生分成小组，分析不同民族姓氏的特点和区别。

2. 姓氏来源的探究。探讨不同民族姓氏的来源，如地理、历史、宗教等因素。

3. 文化交流与姓氏演变：

（1）观看相关短片，讲解不同民族间的文化交流如何影响姓氏的形成和演变。

（2）分析汉族姓氏在少数民族中的传播和影响（如皇帝赐姓）。

（3）借此分析民族融合对姓氏发展的影响。

4. 姓氏在民族文化中的作用：

（1）探索姓氏在不同民族文化中的意义和作用。

（2）分析姓氏在民族认同和家族传承中的重要性。

5. 文化交流活动：组织学生进行文化交流活动，如民族服饰展示、民族音乐欣赏等，以加深对少数民族文化的了解。

【作业和评估】让学生选择一个少数民族，进行其第一姓氏的来源和特点的追溯探究，并将结果以手抄报的形式呈现出来，在班级范围内开展传统介绍姓氏活动，并由老师及时点评学生表现，将中华优秀传统文化融入课堂，铸牢学生中华民族共同体意识。

三、王

【教学内容】望族子弟——王

【教学目标】

1. 了解"王"姓的起源和历史发展。

2. 掌握"王"姓的著名历史人物和故事。

3. 探索"王"姓在中国文化中的地位和影响。

4. 培养学生对姓氏文化的兴趣和认识。

【教学重难点】

重点：了解"王"姓的起源和历史发展，掌握"王"姓的著名历史人物和故事。

难点：探索"王"姓在中国文化中的地位和影响，培养学生对姓氏文化的兴趣和认识。

【教学方法】

讲授法、引导教学法

【教学过程】

1. 视频导入。播放三槐堂"王"姓家谱被烧震惊天南海北的短视频，引起学生对"王"姓的兴趣。

2. 探讨三槐堂"王"姓家谱被烧震惊天南海北的原因，引出对"王"姓起源的追溯。

3. 追根溯源。讲解有关"王"姓起源的历史故事，追溯"王"姓的由来（古老且光荣的姓氏，源自姬姓。相传为周王朝王族的后裔，以王族身份为氏等来源）。

4. 历史发展。借由著名历史人物王羲之、诗人王勃等引出王姓几大分支（琅琊王氏、太原王氏、三槐王氏、开闽王氏、天水王氏），讲解"王"姓在中国历史上的发展和变迁，帮助学生了解"王"姓的相关知识。

5. 讨论和互动。组织学生进行小组讨论，探讨"王"姓在中国文化中的地位和影响，包括姓氏文化（始祖出生于帝王世家，体现对"王"权的崇拜）、家族传统（《王氏家训》）等方面，并鼓励学生分享自己的观点和经验。

6. 总结：总结"王"姓的历史和文化特点，强调"王"姓在中国姓氏文化中的重要地位。

【作业布置】

要求学生选择一个著名的"王"姓历史人物，写一篇简短的介绍，包括他们的生平、成就和对历史的影响。

四、刘

【教学内容】《百家姓》之"刘"

【教学目标】

1. 了解"刘"姓的起源及历史名人。

2. 通过互动游戏、角色扮演等方式，激发学生的学习兴趣，培养自主学习能力。

3. 培养学生对传统姓氏文化的兴趣，增强民族自豪感和文化自信。

【教学重难点】

重点：了解"刘"姓的起源及历史名人。

难点：培养学生对传统姓氏文化的兴趣，增强民族自豪感和文化自信。

【教学方法】

讲授法、引导教学法

【教学过程】

1. 导入新课。

（1）播放一段关于"刘"姓的简短视频，引起学生兴趣。

（2）提问：中国历史上有哪些"刘"姓名人？引导学生讨论并分享所知。

2. 讲授新课。

（1）朗读指导。

①教师领读《百家姓》中"刘"姓的部分，注意发音和节奏。

②让学生跟读，并分组进行朗读比赛，提高朗读兴趣。

（2）了解"刘"姓起源。

①利用多媒体课件展示"刘"姓的起源故事，并配以生动的图片或动画。

②引导学生思考并讨论。"刘"姓的起源有什么特别之处？它与哪些历史事件或人物有关？

（3）认识历史名人。

①介绍几位著名的"刘"姓历史人物，如刘邦、刘备、刘禹锡等。

②让学生选择自己感兴趣的历史人物，进行简单的角色扮演，展示其生平和成就。

③邀请学生分享角色扮演的体会和感受，加深对历史人物的印象。

（4）探索文化内涵。

①引导学生思考。"刘"姓在中国文化中有什么特别的象征意义？

②展示与"刘"姓相关的成语、俗语或诗词，让学生猜测或解释其含义。

③小组合作，共同创作一个与"刘"姓相关的小故事或诗歌，展示其文化内涵。

3.拓展延伸。

（1）举行"刘"姓知识竞赛：设计一系列关于"刘"姓的题目，如填空题、选择题等，让学生参与竞答，检验学习成果。

（2）邀请学生分享自己或身边"刘"姓人物的故事，增进对"刘"姓文化的了解和认同。

4.课堂小结。

总结"刘"姓的起源、历史名人及文化内涵，强调其在中国历史与文化中的重要地位。

【作业布置】让学生回家收集更多关于"刘"姓的资料，准备下节课的分享。

五、钱

【教学内容】《百家姓》之"钱"

【教学目标】

1.学生能够准确朗读"钱"姓的相关内容，并了解"钱"姓的起源和简要历史。

2.通过互动游戏、小组合作等活动，让学生在轻松愉快的氛围中学习，培养合作能力和探究精神。

3.培养学生对传统姓氏文化的兴趣，增强民族自豪感和文化自信。

【教学重难点】

重点：学生了解"钱"姓的起源和简要历史。

难点：培养学生对中华姓氏文化的兴趣，感受姓氏背后的文化内涵和历史底蕴，增强民族自豪感和文化自信。

【教学方法】

讲授法、引导教学法、讨论法

【教学过程】

1.导入新课。

（1）播放电视剧《少年派》中唐老师说钱三一应该跪着上历史课的视频片段，让学生思考唐老师为什么会这么说。

（2）播放唐老师劝钱三一学文的完整片段，让学生初步认识到"钱"姓是一个历史悠久且家学渊源的姓氏，并引出新课内容。

2.了解"钱"姓起源。

（1）利用多媒体课件展示"钱"姓的起源故事，结合图片或动画进行生动讲解。

（2）引导学生思考并讨论。"钱"姓的起源与哪些历史事件或人物有关？为什么选择这个姓氏？

3. 认识历史名人。

（1）介绍几位著名的"钱"姓历史人物，如钱学森、钱锺书等。

（2）通过视频、图片等形式展示这些人物的事迹和成就，让学生感受其伟大与贡献。

4. 探索文化内涵。

（1）引导学生思考："钱"姓与我们日常生活中的"钱"有什么联系和区别？

（2）讨论并分享自己或身边"钱"姓人物故事，增进对"钱"姓文化的了解和认同。

5. 课堂小结：总结"钱"姓的起源、历史名人及文化内涵，强调其在中国历史与文化中的重要地位。

【作业布置】让学生回家自行查阅资料，解答《少年派》中唐老师列举的近代钱家的名人都分别是谁。

六、孙

【教学内容】《百家姓》之"孙"

【教学目标】

1. 学生能够正确、流利地读出"孙"字，并了解"孙"姓的来源和简单的历史背景。

2. 通过趣味性的教学活动，培养学生的观察能力、记忆能力和口头表达能力。

3. 激发学生对中华姓氏文化的兴趣，培养学生的文化自豪感和爱国情怀。

【教学重难点】

重点：学生了解"孙"姓的来源和简单的历史背景。

难点：激发学生对中华姓氏文化的兴趣，培养学生的文化自豪感和爱国情怀。

【教学方法】

讲授法、引导教学法、游戏教学法、讨论法

【教学过程】

1. 导入新课。

（1）播放《百家姓》歌曲片段，营造学习氛围。

（2）提问：同学们知道我们每个人都有自己的姓氏吗？今天我们就来学习一个常见的姓氏——"孙"。

2. 探究新知。

（1）呈现"孙"字，利用多媒体课件展示"孙"字的书写动画，引导学生观察并跟读。

（2）讲解"孙"字的含义和起源，可以配合历史小故事，如"孙武练兵"等，增加趣味性。

（3）展示"孙"姓的名人图片和事迹，如孙中山、孙悟空等，让学生感受"孙"姓的伟大和光荣。

3. 互动游戏。

（1）姓氏接龙。教师先说出"我姓孙"，然后学生轮流接龙，说出自己知道的"孙"姓名人，如"我知道孙中山"。

（2）找姓氏。教师事先准备一些姓氏卡片，其中包含"孙"字卡片和其他姓氏卡片。学生分组进行比赛，看哪组能最快地找出所有的"孙"字卡片。

（3）姓氏大比拼。教师给出一些与"孙"姓相关的词语或成语，如"孙悟空""子孙后代"等，让学生抢答并解释其含义。

4. 巩固拓展。

（1）小组讨论。让学生分组讨论"孙"姓在生活中的重要性，并分享自己的姓氏故事。

（2）书写练习。让学生用正确的笔顺书写"孙"字，并在班里展示优秀作品。

5. 课堂小结：总结学习内容，强调"孙"姓的重要性和文化价值。

【作业布置】让学生回家向家长了解自己的姓氏来源和故事，并准备下次课堂分享。

七、李

【教学内容】《百家姓》之"李"

【教学目标】

1. 学生能够正确、流利地读出"李"字，并初步了解"李"姓的起源和历史背景。

2. 通过互动游戏和实践活动，培养学生的观察、思考和表达能力。

3. 激发学生对中华姓氏文化的兴趣，增强学生的文化自信和民族自豪感。

【教学重难点】

重点：学生了解"李"姓的起源和历史背景。

难点：激发学生对中华姓氏文化的兴趣，增强学生的文化自信和民族自豪感。

【教学方法】

讲授法、引导教学法、游戏教学法、讨论法

【教学过程】

1. 导入新课。

（1）播放一段关于姓氏文化的视频片段，引起学生兴趣。

（2）提问：你们知道自己的姓氏吗？今天我们来学习一个非常有名的姓氏——"李"。

2. 探究新知。

（1）呈现"李"字，利用多媒体课件展示"李"字展笔顺，引导学生观察并跟读。

（2）讲解"李"字的含义和起源，以故事的形式介绍"李"姓的历史背景，如李树的传说等。

（3）展示"李"姓的名人图片和事迹，如李白、李世民等，让学生感受"李"姓的伟大和光荣。

3.互动游戏。

（1）名人连连看。教师准备一些与"李"姓相关的名人图片，学生根据图片快速说出他们的名字和主要事迹。

（2）我是小"李白"。学生分组扮演李白，创作简单的诗句并朗诵，培养想象力和表达能力。

4.课堂小结。

（1）总结今天学习的内容，强调"李"姓的重要性和文化价值。

（2）提问总结学生对"李"姓的认识和感受，鼓励他们分享自己的姓氏故事。

【课后作业】学生使用彩笔或颜料绘制一棵李树，并尝试在树上挂满"李"字或"李"姓名人的名字。

八、周

【教学内容】《百家姓》之"周"

【教学目标】

1.学生能够正确、流利地朗读"周"姓在《百家姓》中的句子，并了解"周"姓的起源和历史典故。

2.培养学生通过小组合作、讨论等方式，自主探究姓氏文化的兴趣。

3.激发学生对自己姓氏的自豪感和对传统文化的热爱。

【教学重难点】

重点：学生了解"周"姓的起源和历史典故。

难点：激发学生对自己姓氏的自豪感和对传统文化的热爱。

【教学方法】

讲授法、引导教学法、游戏教学法、讨论法

【教学过程】

1. 导入新课。

（1）播放《百家姓》的视频，引导学生跟读，并找出"周"姓的位置。

（2）提问："同学们知道'周'姓是怎么来的吗？今天我们就一起来探寻'周'姓的起源和历史吧！"

2. 新课学习。

（1）讲述"周"姓的起源故事。通过多媒体课件展示"周"姓的起源，如周朝的创立、周武王的故事等，让学生了解"周"姓的历史背景。

（2）互动讨论。分组讨论你的姓在自己家族中的传承和故事，每组选一名代表分享。

（3）姓氏接龙游戏。教师出示"周"字卡片，学生依次说出以"周"字开头的词语或短语，如"周到""周密"等，锻炼学生的语言能力和反应速度。

3. 拓展延伸。

（1）趣味故事。讲述与"周"姓相关的历史人物或典故，如"周公解梦""周亚夫军细柳"等，增加课堂的趣味性。

（2）创意绘画。让学生根据自己对"周"姓的理解和想象，创作一幅与"周"姓相关的画作，培养学生的想象力和创造力。

4. 课堂小结。

（1）总结"周"姓的起源和历史典故，强调姓氏文化的重要性。

（2）鼓励学生回家后向家人了解更多关于自己姓氏的故事和传说，增强家庭文化的传承。

【作业布置】

1. 让学生回家后与家人一起制作家族姓氏树，记录家族成员的姓名和关系。

2. 准备下节课关于其他姓氏的学习资料，培养学生的自主学习能力。

九、吴

【教学内容】《百家姓》之"吴"

【教学目标】

1. 学生能够正确、流利地朗读《百家姓》中"吴"姓的部分，并利用多媒体和趣味活动，增强对"吴"姓文化的理解和记忆。

2. 学生能够通过小组合作和讨论，初步了解"吴"姓的起源和历史故事。

3. 学生能够简单了解现代"吴"姓在社会中的发展情况，增强对姓氏文化的探究兴趣。

【教学重难点】

重点：学生了解"吴"姓的起源和历史典故，增强对"吴"姓文化的理解和记忆。

难点：学生了解现代"吴"姓在社会中的发展情况，增强对姓氏文化的探究兴趣。

【教学方法】

讲授法、引导教学法、游戏教学法、讨论法

【教学过程】

1. 导入新课。

（1）播放《百家姓》的视频，引导学生跟读并找出"吴"姓的位置。

（2）提问："你们知道'吴'姓的来历吗？今天我们就一起来探寻'吴'姓的故事吧！"

2. 新课学习。

（1）讲述"吴"姓的起源故事。利用多媒体课件展示"吴"姓的起源动画，如太伯奔吴、吴国建立等历史故事，让学生了解"吴"姓的历史背景。

（2）互动讨论。分组讨论学生收集的家族中"吴"姓的故事或现代"吴"姓名人的信息，每组选一名代表分享。

（3）现代"吴"姓风采展示。通过多媒体展示现代"吴"姓名人的图片和简介，如科学家、艺术家、企业家等，让学生感受"吴"姓在现代社会中的发展。

3. 拓展延伸。

（1）趣味活动。设计"吴"字接龙游戏，学生需要快速说出与"吴"字相关的词语或短语，如"吴山楚水""吴侬软语"等，锻炼学生的语言能力和反应速度。

（2）创意绘画。让学生根据自己对"吴"姓的理解和想象，创作一幅与"吴"姓相关的画作，可以是古代的吴国场景，也可以是现代"吴"姓名人的形象，培养学生的想象力和创造力。

4. 课堂小结。

（1）总结"吴"姓的起源和历史故事，强调姓氏文化的重要性。

（2）引导学生认识到"吴"姓不仅有着悠久的历史，还在现代社会中发挥着重要作用，增强学生的自豪感和自信心。

【作业布置】

让学生回家后将"吴"姓的起源和发展的小故事讲给家长听。

鼓励学生继续收集现代"吴"姓名人的信息，并在下次课上与同学分享。

十、郑

【教学内容】《百家姓》之"郑"

【教学目标】

1. 学生能够正确、流利地朗读《百家姓》中"郑"姓的部分，并初步了解"郑"姓的起源和相关的历史典故。

2. 学生能够通过故事讲述、互动游戏等方式，激发对"郑"姓文化的兴趣，简单理解"郑"姓所蕴含的文化内涵。

3. 激发学生对自己姓氏的自豪感和对传统文化的热爱，培养学生的团队协作能力和文化自信。

【教学重难点】

重点：学生初步了解"郑"姓的起源和相关的历史典故。

难点：学生理解"郑"姓所蕴含的文化内涵，激发学生对传统文化的热爱，培养学生的团队协作能力和文化自信。

【教学方法】

讲授法、引导教学法、讨论法

【教学过程】

1. 导入新课。

（1）播放《百家姓》的视频，引导学生跟读并找出"郑"姓的位置。

（2）提问："有些人姓'郑'，那'郑'姓是怎么来的？今天我们来揭开'郑'姓的神秘面纱。"

2. 新课学习。

（1）讲述"郑"姓的起源故事。利用多媒体课件展示"郑"姓的起源动画，讲述郑国建立、郑桓公迁都等历史故事，让学生了解"郑"姓的历史背景。

（2）互动讨论。分组讨论学生收集的家族中"郑"姓的故事或传说，每组选一名代表分享。教师引导学生思考这些故事背后的文化内涵，如家族传承、忠孝观念等。

（3）文化内涵解析。通过多媒体课件展示"郑"字的文化寓意，如"郑重其事"表示做事认真，"郑人买履"表示拘泥于教条等。教师引导学生理解这些成语背后的文化内涵，并让学生尝试用这些成语造句。

3. 趣味活动。

教师可以设计一些与"郑"姓文化相关的趣味问答题目，让学生在游戏中巩固所学知识。

4. 课堂小结。

（1）总结"郑"姓的起源和历史典故，强调其文化内涵的重要性。

（2）引导学生认识到"郑"姓不仅是一个简单的姓氏符号，更承载着丰富的文化内涵和家族传承。

【作业布置】

1. 鼓励学生将自己的姓氏起源和发展的过程也编成一个顺口溜。

2. 继续收集与"郑"姓相关的历史故事或成语故事，并准备在下次课上与同学分享。

十一、欧阳

【教学内容】欧阳

【教学目标】

1. 了解复姓"欧阳"的起源与发展。

2. 知晓复姓"欧阳"的著名历史人物。

3. 激发学生探索、学习百家姓的兴趣。

【教学重难点】

重点：了解复姓"欧阳"的起源与发展，知晓复姓"欧阳"的著名历史人物。

难点：激发学生探索、学习百家姓的兴趣，培养学生热爱和传承优秀传统文化的意识。

【教学方法】

讲授法、引导教学法

【教学过程】

1. 诗词导入。

通过 PPT（演示文稿）出示一首大家学过的欧阳修的诗词，向学生提问作者是谁，引出欧阳修。

2. 提出疑问。

以前学过的都是单姓，那为什么欧阳修不姓欧？由此引出复姓——欧阳。

3. 姓氏来源。

"欧阳"这一姓氏据传与中国古代的少数民族——越族有关。根据史料记载，"欧阳"姓氏的得姓始祖是夏朝的一位名叫无余的贵族，他被封于会稽（今浙江绍兴），建立了越国，后代以国为姓，称为"越"。到了周朝，越国的后代中有一支被封于欧阳（今河南禹州），因此这一支就以封地名为姓，称"欧阳"。

4. 历史名人。

除了我们熟知的文学家欧阳修，还有南北朝时期的书法家欧阳询，他的书法被誉为"欧体"，在中国书法史上占有重要地位（可出示几张书法图片）。

5. 现代发展。

在现代，欧阳姓氏依然是中国的一个主要姓氏之一，分布广泛，尤其在湖南、广东、江西等地较为集中。

6. 总结。

总结"欧阳"姓氏的起源与发展，说一说欧阳家的历史人物及对中国文化的影响。

【作业与评估】

根据课堂所学为复姓"欧阳"做一张精美的形式卡片，帮助更多人了解复姓"欧阳"。

十二、司马

【教学内容】司马

【教学目标】

1. 了解"司马"姓氏的起源与发展。

2. 知道司马家的著名历史人物。

3. 查找积累更多复姓。

【教学重难点】

重点：了解"司马"姓氏的起源与发展，知道司马家的著名历史人物。

难点：激发学生探索、学习百家姓的兴趣，培养学生热爱和传承优秀传统文化的意识。

【教学方法】讲授法、引导教学法

【教学过程】

1. 谜语导入。

牺牲一个缸，救个小儿郎。（猜一猜这个谜语讲的是哪个历史典故——司马光砸缸，借助谜语故事引出司马光。）

2. 姓氏起源。

前些天我们学习了复姓欧阳的有关知识，今天咱们来学习一个新的复姓，大家一起将它说出来——司马。那谁来说一说"司马"这个姓氏是怎么来的？（据《史记》记载，"司马"这一姓氏起源于西周时期，当时周武王的谋臣田穰苴因才智和功绩被封为司马，负责掌管军事和车马，是周朝的重要军事长官。为了纪念他，周武王准许其后代继承司马官职，其后代也以这一官职为姓，逐渐形成"司马"姓氏。）

3. 历史名人。

除了司马光，同学们还知道哪些姓司马的历史人物？（预设：司马迁、司马懿、司马相如等。)

4.发展脉络。

教师在黑板上画出"司马"姓氏的历史发展时间轴。(西周时期——起源；春秋战国时期——逐渐发展；秦汉时期——有了一定的发展，其中最著名的人物是西汉时期的史学家司马迁；三国两晋时期——鼎盛，尤其晋朝时期，司马姓氏成为皇族姓氏，达到了权力的顶峰；南北朝时期——影响力逐渐减弱但仍然在政治和文化领域保持一定的地位；隋唐以后——逐渐平民化，但仍有一些司马姓的人物在历史上有一定的影响，如唐朝的文学家司马贞等；近现代——成为一个普通的姓氏，分布在中国各地，但人口较少。)

5.总结。

"司马"姓氏从官职演变而来，经历了从贵族姓氏到普通姓氏的转变，见证了中国历史的变迁。

【作业布置】

每人积累两个复姓，以时间轴的形式梳理其历史发展脉络及代表人物。

第三章 《千字文》

第一节 《千字文》与小学语文

一、《千字文》简介

南朝时期，梁武帝萧衍为了教诸王书法，让殷铁石从王羲之的作品中拓出了一千个不同的字。但拓出来的千字零散杂乱，没有次序，难以用来教学。梁武帝遂将其交由周兴嗣，要他编撰出一篇韵文出来。

周兴嗣（469—521），字思纂，南梁陈郡项（今河南项城）人。以文学知名当时，深得梁武帝萧衍赏识，授官员外散骑侍郎，奉命编纂国史，著有文集百余卷。相传在梁武帝命其以千字编撰韵文之后，周兴嗣文思如泉涌，边吟边书，一夜之间遂将千字编撰成了一篇内涵丰富的四言韵文，遂有流传后世的《千字文》。梁武帝对周兴嗣所撰《千字文》大为赞赏，不仅立即命人送去刻印，刊之于世，而且提拔周兴嗣佐撰国史。而周兴嗣一夜成书，已两鬓皆白。

《千字文》一面世，就在社会上广为流传。到隋代，王羲之七世孙书法家智永和尚临摹真草《千字文》八百余册，分送浙东诸寺，各施一册。

因智永和尚本系王羲之后裔且书法精湛，加之《千字文》本身的吸引力，其所临《千字文》极受欢迎，登门求字者络绎不绝，也使《千字文》的影响大为扩大。浙东诸寺的藏书对《千字文》的流传也起了很大作用。智永和尚之后，历代书法家竞相书写《千字文》。

周兴嗣所撰《千字文》通篇四字一句，共 250 句，1000 个字。其对仗工整，条理清晰，文采斐然，并且语句平白如话，易诵易记。在内容上，《千字文》涵盖了天文、地理、自然、社会、历史等多个方面的知识，内容丰富并且又层层递进，结构完整，逻辑严谨。在思想上，《千字文》既阐述了重视道德教育、强调个人道德修养和贤才道德规范的儒家伦理道德思想，也强调了德化爱民、使贤任能的儒家治国思想，还表达了人本精神的人生观。《千字文》蕴含了中华传统思想的许多优秀成果，值得我们今天学习和继承。

二、《千字文》与小学语文教学

小学语文是义务教育阶段的基础学科，旨在培养学生的语言文字运用能力和综合素质。课程内容包括拼音、识字、阅读、写作等方面，注重培养学生的听、说、读、写能力，提高学生的文学素养和审美能力。《千字文》作为古代蒙学经典，在小学语文教育中的应用具有重要意义。一方面，千字文可以帮助学生扩大识字量，提高阅读速度和阅读理解能力；另一方面，千字文所蕴含的丰富文化内涵可以培养学生的道德品质，提升学生的综合素质。因此，将千字文融入小学语文教学，有助于实现语文教学目标，促进学生全面发展。

在小学语文教学中，教师可以通过多种方法运用千字文，例如可以采用诵读法，让学生反复诵读千字文，以提高学生的语感和语言表达能力；可以采用讲解法，对千字文中的典故、成语进行解释，帮助学生理解文本内涵；还可以采用拓展阅读法，引导学生阅读千字文的相关故事、背景资料，以拓展学生的知识面。

以下是一个教学案例：以"天地玄黄，宇宙洪荒"为起点，教师可以先让学生通过诵读感受四字一句的韵律美，然后讲解"天地玄黄"的意象和寓意，让学生了解古代人们对宇宙、自然的认知。接着，教师可以引导学生阅读与之相关的古代神话传说或历史故事，让学生更深入地理解千字文所蕴含的文化内涵。

千字文尽管在小学语文教学中具有重要的应用价值，但在实际教学过程中也存在着一些挑战和问题。第一，千字文的语言表述较为古雅，与现代汉语存在差异，学生理解起来可能存在一定难度。第二，如何将千字文的教学与现代教育理念相结合，使其更加符合学生的身心发展特点，也是教师需要思考的问题。针对上述挑战和问题，教师可以采取以下改进与创新策略：一是结合现代教学手段，如多媒体教学、网络教学等，以图文并茂的形式呈现千字文内容，降低学生的学习难度；二是注重培养学生的兴趣，通过组织诵读比赛、故事分享等活动，激发学生的学习兴趣和积极性；三是探索将千字文与其他学科相结合的教学模式，如与美术、音乐等学科相结合，以跨学科的方式提升学生的综合素质。

综上所述，千字文与小学语文的结合具有深厚的文化底蕴和教育价值。有效地运用千字文进行小学语文教学，不仅可以提高学生的语言文字运用能力，还能培养学生的道德品质和文化素养。面对当前教学中的挑战和问题，教师应积极探索改进与创新策略，以更好地发挥千字文在小学语文教学中的作用。

三、部编版小学语文教材中《千字文》内容概览

（一）一年级上册

1. 识字　1　天地人　2　金木水火土　4　日月山川、语文园地六
日积月累　古朗月行（小时不识月）

天地玄黄，宇宙洪荒。日月盈昃，辰宿列张。

2. 阅读　1　秋天、4　四季

寒来暑往，秋收冬藏。闰余成岁，律吕调阳。

3. 识字　3　口耳目手足

盖此身发，四大五常。恭惟鞠养，岂敢毁伤。

4. 语文园地五　日积月累　悯农（其二）

税熟贡新，劝赏黜陟。

5. 阅读10　雨点儿

云腾致雨，露结为霜。

（二）一年级下册

1. 识字　1　春夏秋冬

寒来暑往，秋收冬藏。闰余成岁，律吕调阳。

2. 课文　1　吃水不忘挖井人

爱育黎首，臣伏戎羌。

3.课文 4 四个太阳

日月盈昃，辰宿列张。

4.课文 5 树和喜鹊、6 怎么都快乐、语文园地三 日积月累 赠汪伦

交友投分，切磨箴规。

5.语文园地六 日积月累

云腾致雨，露结为霜。

6.课文 17 小猴子下山

守真志满，逐物意移。

（三）二年级上册

1.识字 4 田家四季歌

寒来暑往，秋收冬藏。闰余成岁，律吕调阳。
治本于农，务兹稼穑。俶载南亩，我艺黍稷。

2.语文园地二 日积月累

信使可覆，器欲难量。

3.课文 12 坐井观天

孤陋寡闻，愚蒙等诮。

4.课文 15 八角楼上、16 朱德的扁担、17 难忘的泼水节、18 刘胡兰

爱育黎首，臣伏戎羌。

5.语文园地六 日积月累

守真志满，逐物意移。
耽读玩市，寓目囊箱。

6.语文园地六 我爱阅读 大禹治水

九州禹迹，百郡秦并。
爱育黎首，臣伏戎羌。

（四）二年级下册

1.课文 5 雷锋叔叔，你在哪里

爱育黎首。

2.识字 1 神州谣

遐迩一体。

3.语文园地四 日积月累

信使可覆，器欲难量。

4.课文 12 寓言二则 亡羊补牢

知过必改，得能莫忘。

5.语文园地五 日积月累 《弟子规》

饱饫烹宰，饥厌糟糠。

6.语文园地六 日积月累 悯农（其一）

税熟贡新，劝赏黜陟。

7.语文园地七"日积月累"二十四节气歌

寒来暑往，秋收冬藏。闰余成岁，律吕调阳。

（五）三年级上册

1.第二单元　6　秋天的雨

云腾致雨，露结为霜。

2.第三单元　10　在牛肚子里旅行

交友投分，切磨箴规。

3.语文园地三　日积月累

聆音察理，鉴貌辨色。

4.第八单元　25　灰雀

笃初诚美，慎终宜令。

5.第八单元　27　一个粗瓷大碗

爱育黎首。

6.第八单元　语文园地　日积月累

仁慈隐恻，造次弗离。节义廉退，颠沛匪亏。性静情逸，心动神疲。

（六）三年级下册

1.第二单元　6　陶罐和铁罐、7　鹿角和鹿腿

罔谈彼短，靡恃己长。

2.第三单元　9　古诗三首　九月九日忆山东兄弟

孔怀兄弟，同气连枝。

3.第三单元　10　纸的发明

恬笔伦纸，钧巧任钓。

4.第六单元 21 我不能失信

信使可覆，器欲难量。

5.第六单元 语文园地 日积月累

知过必改，得能莫忘。

（七）四年级上册

1.第三单元 语文园地 日积月累

寒来暑往，秋收冬藏。闰余成岁，律吕调阳。

2.第四单元 12 盘古开天地

天地玄黄，宇宙洪荒。

3.第六单元 语文园地 日积月累

罔谈彼短，靡恃己长。

4.第八单元 25 王戎不取道旁李

果珍李柰，菜重芥姜。

（八）四年级下册

1.第一单元 1 古诗三首 四时田园杂兴（其二十五）（梅子金黄杏子肥）、清平乐·村居

治本于农，务兹稼穑。俶载南亩，我艺黍稷。
亲戚故旧，老少异粮。妾御绩纺，侍巾帷房。

2.第六单元 18 文言文二则 铁杵成针

守真志满，逐物意移。
耽读玩市，寓目囊箱。

（九）五年级上册

1. 第二单元　6　将相和

节义廉退，颠沛匪亏。
起翦颇牧，用军最精。

2. 第二单元　语文园地　日积月累

年矢每催，曦晖朗曜。

3. 第四单元　14　圆明园的毁灭

宫殿盘郁，楼观飞惊。

4. 第五单元　16　太阳

日月盈昃，辰宿列张。

5. 第六单元　18　慈母情深

入奉母仪。

6. 第六单元　19　父爱之舟、20　"精彩极了"和"糟糕透了"

恭惟鞠养
资父事君，曰严与敬。孝当竭力，忠则尽命。

7. 第六单元　语文园地　日积月累

饱饫烹宰，饥厌糟糠。

8. 第八单元　24　古人谈读书

孤陋寡闻，愚蒙等诮。

（十）五年级下册

1.第一单元　1　古诗三首　四时田园杂兴（其三十一）

治本于农，务兹稼穑。俶载南亩，我艺黍稷。
亲戚故旧，老少异粮。妾御绩纺，侍巾帷房。

2.第一单元　日积月累　游子吟

恭惟鞠养。
资父事君，曰严与敬。孝当竭力，忠则尽命。

3.第四单元　10　青山处处埋忠骨

资父事君，曰严与敬。孝当竭力，忠则尽命。

4.第四单元　12　清贫

景行维贤，克念作圣。
坚持雅操，好爵自縻。

5.第七单元　语文园地　日积月累　乡村四月

治本于农，务兹稼穑。俶载南亩，我艺黍稷。

6.语文园地八　日积月累

景行维贤，克念作圣。德建名立，形端表正。

（十一）六年级上册

1.第二单元　6　狼牙山五壮士、9　我的战友邱少云

资父事君，曰严与敬。孝当竭力，忠则尽命。

2.第二单元　7　开国大典

九州禹迹，百郡秦并。

3.第三单元　12　故宫博物院

宫殿盘郁，楼观飞惊。图写禽兽，画彩仙灵。

4.第四单元　13　桥、14　穷人、15　金色的鱼钩

德建名利，形端表正。
祸因恶积，福缘善庆。

5.第六单元　语文园地　日积月累

治本于农，务兹稼穑。俶载南亩，我艺黍稷。

6.第七单元　22　文言文二则

交友投分，切磨箴规。
知过必改，得能莫忘。

7.第八单元　少年闰土

交友投分，切磨箴规。

8.第八单元　语文园地　日积月累

资父事君，曰严与敬。孝当竭力，忠则尽命。

（十二）六年级下册

1.第一单元　语文园地　日积月累　长歌行

渠荷的历，园莽抽条。
年矢每催，曦晖朗曜。

2.第二单元　语文园地　日积月累

耽读玩市，寓目囊箱。
聆音察理，鉴貌辨色。

3. 第四单元 11 十六年前的回忆、12 为人民服务

资父事君，曰严与敬。孝当竭力，忠则尽命。

4. 第五单元 14 文言文二则

守真志满，逐物意移。

聆音察理，鉴貌辨色。

5. 第五单元 15 真理诞生于一百个问号之后

聆音察理，鉴貌辨色。

6. 古诗词诵读 2 送元二使安西、8 卜算子·送鲍浩然之浙东、5 江上渔者

交友投分，切磨箴规。

海咸河淡，鳞潜羽翔。

7. 古诗词诵读 6 浣溪沙

年矢每催，曦晖朗曜。

第二节 《千字文》教学释义

天地玄黄，宇宙洪荒。日月盈昃，辰宿列张。

教学释义：苍天是黑色的，大地是黄色的；远古时代，茫茫宇宙辽阔无边。日出日落，月圆月缺，星辰布满无际的天空。

寒来暑往，秋收冬藏。闰余成岁，律吕调阳。云腾致雨，露结为霜。

教学释义：四季循环，秋季收割，冬季储藏。闰余积累成闰年，古人用六律六吕调节阴阳。雾气升到天空遇冷成雨，露水碰上寒夜凝结

为霜。

金生丽水，玉出昆冈。剑号巨阙，珠称夜光。

教学释义：金子产于金沙江，美玉出自昆仑山。最著名的宝剑是"巨阙"，最贵重的明珠是"夜光"珠。

果珍李柰，菜重芥姜。海咸河淡，鳞潜羽翔。

教学释义：李子和花红是果中珍品，芥菜和生姜是蔬菜之王。海水咸，河水淡，鱼游水中，鸟飞空中。

龙师火帝，鸟官人皇。始制文字，乃服衣裳。

教学释义：龙师伏羲氏、火帝神农氏、鸟官少昊氏、人皇，都是古代传说中的人物。传说黄帝的史官仓颉创造了文字；黄帝的妻子嫘祖教人养蚕取丝，人们才穿上了衣裳。

推位让国，有虞陶唐。吊民伐罪，周发殷汤。

教学释义：推让国君之位，禅让国家治理权的是尧帝和舜帝。安抚苦难百姓，讨伐有罪之人的是周武王和成汤王。

坐朝问道，垂拱平章。爱育黎首，臣伏戎羌。

教学释义：君主端坐朝廷，探讨治国之道，垂衣拱手，与贤臣共商国是。他们爱护体恤老百姓，四方的少数民族都前来归附。

遐迩一体，率宾归王。鸣凤在竹，白驹食场。化被草木，赖及万方。

教学释义：举国上下远近统一，四方诸侯领子民归顺君王。凤凰在竹林鸣叫，白马在草原上觅食。贤君的教化恩泽遍及天下百姓，甚至覆盖一草一木。

盖此身发，四大五常。恭惟鞠养，岂敢毁伤。

教学释义：人的身体发肤，由地、水、风、火四种物质构成，称为"四大"（封建说法，应科学对待）；人的行为以仁、义、礼、智、信为准则，称为"五常"。要谨慎地好好调养身体，这是为报答父母的生育之恩，怎么敢轻易伤害？

女慕贞洁，男效才良。知过必改，得能莫忘。

教学释义：做人要懂得洁身自好，向榜样学习。有错就要及时改正，不断学习新知识提升自己。

罔谈彼短，靡恃己长。信使可覆，器欲难量。墨悲丝染，诗赞羔羊。

教学释义：不要谈论别人的缺点和短处，也不要依仗自己的长处而骄傲自大。使自己的信誉能承受住反复考验，让自己的胸怀和肚量宽广得难以衡量。墨子悲叹白丝容易被浸染，《诗经》赞美人的品格应纯洁如同羔羊。

景行维贤，克念作圣。德建名立，形端表正。

教学释义：行为光明正大的人才能成为贤人，能克制自己私心杂念的人才能成为圣人。德行建立了，名声就自然而然立起来，举止端庄仪表就自然端正。

空谷传声，虚堂习听。祸因恶积，福缘善庆。尺璧非宝，寸阴是竞。

教学释义：空旷的山谷能将声音传得很远，宽敞的厅堂里说话声音才清晰。祸害是作恶积累的结果，幸福是行善的奖赏。一尺长的璧玉称不上珍贵，一寸长的光阴值得我们珍惜。

资父事君，曰严与敬。孝当竭力，忠则尽命。临深履薄，夙兴温凊。

教学释义：奉养父母、侍奉君主，圣贤要求我们做到严肃与恭敬。孝顺父母要尽心竭力，对国家要尽忠尽职。做事要小心谨慎，不出错，孝顺父母也要无微不至。

似兰斯馨，如松之盛。川流不息，渊澄取映。容止若思，言辞安定。

教学释义：良好的品德就像兰香一般声名远播，像冬天的松树一般茂盛，经久不凋。这种家风应该如同江河中的水流一样永不停息，子孙代代流传。先祖的品德如同澄净的深潭一样映照出你的不足。仪容举止要沉着内敛，表现出若有所思的样子，言辞谈吐要表现得从容安定。

笃初诚美，慎终宜令。荣业所基，籍甚无竟。

教学释义：在刚开始办事时，能够一心一意的对待，这确实是件好事。在事情即将成功时还能做到谨慎，当然会更加完美。善始善终是一个人荣誉与事业的基础。遵循这条告诫，事业的发展将无止境。

学优登仕，摄职从政。存以甘棠，去而益咏。

教学释义：学业优异的学子才有资格出仕为官，先是担任一些副职辅助他人，然后才能任正职，并参与政事。周人留下了曾为召公遮阳的一棵甘棠树，不忍砍伐，虽然召公已经不在了，但是我们更要记住他的事迹，以诗篇歌咏他。

乐殊贵贱，礼别尊卑。上和下睦，夫唱妇随。

教学释义：由于不同的身份地位和个性特征，人们喜欢的音乐和礼法也会各不相同。上下级之间应和睦相处，夫妻之间应和谐恩爱。

外受傅训，入奉母仪。诸姑伯叔，犹子比儿。

教学释义：在外面遵守师傅的教导，在家里要接受母亲的教诲，也要孝顺姑姑、伯父与叔叔等长辈。

孔怀兄弟，同气连枝。交友投分，切磨箴规。

教学释义：兄弟之间要相互关心，相互友爱，因为兄弟们的血统与气息相同，像连枝的树木。结交朋友更是要注重志向相投，意气相合，这样才能在学业中相互切磋，增进学问，在犯错时得到规劝。

仁慈隐恻，造次弗离。节义廉退，颠沛匪亏。

教学释义：仁慈的品德与同情心，不要轻易地丢弃。气节、正义、廉洁与退让这四项操守，更不能在遭遇挫折时有所违背。

性静情逸，心动神疲。守真志满，逐物意移。坚持雅操，好爵自縻。

教学释义：性情沉静下来，情感就会变得自在安逸。心绪躁动不安，精神状态就会变得疲惫不堪。守护住自己最真实自然的本性，才会更容易达成自己的志向。否则，失去自己的本心，过于注重对身外之物的追求，意志就会逐渐偏转以至于被毁掉。坚持高雅的情操，自然有高官厚禄来作伴。

都邑华夏，东西二京。背邙面洛，浮渭据泾。

教学释义：华夏民族的都邑是东京洛阳与西京长安。洛阳背靠邙山，面朝洛水，是一处绝佳的风水宝地。长安临近渭水，远看好像浮在河面上一样，北面又据守着泾水之险，很难被来自北方的敌人攻破。

宫殿盘郁，楼观飞惊。图写禽兽，画彩仙灵。

教学释义：两座宫殿里的建筑幽深曲折，华美非常，而那些楼观亭台高耸入云，身姿更是令人惊叹。一栋栋宫殿上画满了仙禽灵兽的图案，一层层楼台上用五彩描绘着仙子与神灵的身姿。

丙舍傍启，甲帐对楹。肆筵设席，鼓瑟吹笙。升阶纳陛，弁转疑星。

教学释义：皇宫配殿的门从左右开启，最为精美的帷帐对应着高大的楹柱。豪华的宴席已经陈列在殿中，声色相和的乐曲已经奏响。大臣们纷纷登上台阶进入大殿，帽冠上闪烁的宝石在大臣们行走转动间好似漫天的星辰。

右通广内，左达承明。既集坟典，亦聚群英。杜稿钟隶，漆书壁经。

教学释义：汉代宫廷建筑中，建章宫的右侧通向用来藏书的广内殿。未央宫的左侧直达让朝臣休息的承明殿。广内殿收集了古往今来最珍贵的书籍，而承明殿则聚集了普天下之所有杰出的人才。那些珍贵的典籍包括杜度的草书、钟繇的隶书，有漆写的古书，还有在孔子家中的墙壁里发现的古文经书。

府罗将相，路侠槐卿。户封八县，家给千兵。

教学释义：两京的将相府邸如星罗棋布，在大路的两旁是三公九卿的豪宅。文臣武将户户被赏赐八县的土地做封邑，家家供给上千的亲兵做护卫。

高冠陪辇，驱毂振缨。世禄侈富，车驾肥轻。策功茂实，勒碑刻铭。

教学释义：在古代，将相们头戴高冠侍立在帝王的车马旁陪驾，车驾上的丝缨飘带迎风招展。他们世代承袭祖上的爵位俸禄，平日里穿轻裘、骑肥马、乘华车，这是因为他们的祖先功在社稷。帝王为激励他们先祖的功勋，还立石碑刻铭文来彰显他们的贡献。

磻溪伊尹，佐时阿衡。奄宅曲阜，微旦孰营。

　　教学释义：磻溪垂钓的姜尚姜子牙、商代的伊尹，都是辅佐君王、顺应时势的"阿衡"。鲁国都城曲阜建立在古奄国的土地上，没有周公旦又有谁来营建？

　　桓公匡合，济弱扶倾。绮回汉惠，说感武丁。俊乂密勿，多士寔宁。

　　教学释义：齐桓公联合诸侯、匡扶天下，接济弱者、辅助危亡，是管仲的功劳。绮里季挽回了汉惠帝即将被废黜的太子位，传说因为武丁的梦境感应，傅岳被提拔为丞相辅佐君王。贤德之人勤勉地辅佐君王的大业，众多英才使得天下社稷稳定。

　　晋楚更霸，赵魏困横。假途灭虢，践土会盟。

　　教学释义：晋文公成为霸主之后，又被一鸣惊人的楚庄王更替取代，赵魏等国因为受制于秦国的连横之策而被灭亡。晋献公向虞国借路攻打虢国，结果连同虢国一起灭掉。他的儿子晋文公在前人的基础上成就霸业，于践土会盟诸侯。

　　何遵约法，韩弊烦刑。起翦颇牧，用军最精。宣威沙漠，驰誉丹青。

　　教学释义：萧何遵照"约法三章"制定了《九章律》名垂两汉，韩非子主张严刑峻法治国，却使自己受到伤害。白起、王翦、廉颇、李牧是最善用兵的四位将领。西汉大将军卫青、李广、霍去病驱除匈奴，威名在沙场上远扬，他们被后人作画留念称颂不已。

　　九州禹迹，百郡秦并。岳宗泰岱，禅主云亭。

　　教学释义：昔日，大禹治水划分九州，九州各地都留下了大禹的足迹。秦朝设立36郡，有些原属六国的势力范围后来都被秦国吞并。到了汉代，郡县在秦代的基础上增加到100多个。泰山被当作群山之首、五岳的宗主，历代君王都在此封禅祭拜。云山、亭山更是炎帝、黄帝封禅之处。

雁门紫塞，鸡田赤诚。昆池碣石，巨野洞庭。旷远绵邈，岩岫杳冥。

教学释义：守护中原的雁门关、长达万里的长城、西北塞外的鸡田、东北边疆的赤诚，是抵御入侵者的险要关卡。西南的昆池、临海的碣石、东方的巨野、南方的洞庭，分布着最为广阔的湖、海。中国的地域广阔辽远，中国的历史连绵久远、不绝如缕。中国的山脉洞穴，或是渺茫高远，或是幽暗深远，不一而足。

治本于农，务兹稼穑。俶载南亩，我艺黍稷。

教学释义：治国的根本在于发展农业，努力从事种植庄稼的工作。开始在田亩上耕种的时候，我种上黍米和高粱。

税熟贡新，劝赏黜陟。孟轲敦素，史鱼秉直。

教学释义：庄稼成熟后要缴纳田税，进贡新鲜的粮食。主管农业的官员要根据田地的收获，督促收成不好的农民，奖赏勤劳的农民。对手下的官员奖惩分明。孟轲主张在原来的位置上安分守己，史鱼坚持做官一定要正直无私。

庶几中庸，劳谦谨敕。聆音察理，鉴貌辨色。

教学释义：希望达到中庸调和、不偏不倚的境界，能够做到勤劳、谦逊、谨慎、端正。学会听别人说的话，领会弦外之音，看他人面貌分辨人的脸色。

贻厥嘉猷，勉其祗植。省躬讥诫，宠增抗极。

教学释义：留给别人良言警句，并勉励他恭敬地谨守这些立身之道。听到他人的讥讽与告诫，要立刻反省自己，要防止过度的荣耀、宠信强加到自己身上。

殆辱近耻，林皋幸即。两疏见机，解组谁逼。

教学释义：过分的荣宠会临近耻辱，幸好有山林湖泊等退隐之地在附近。西汉时期的疏广、疏受能准确地抓住机会退隐，解下印绶、辞官回家的决定谁能逼迫？

索居闲处，沉默寂寥。求古寻论，散虑逍遥。欣奏累遣，戚谢欢招。

教学释义：孤独的居所、悠闲的住处，周围环境深沉安宁、寂静空旷。在这种环境中可以寻求古人的言论，研究其中的义理。于是，忧虑散尽、还复逍遥，欣喜增添、苦累被排遣，悲伤离去、欢乐被招来。

渠荷的历，园莽抽条。枇杷晚翠，梧桐早凋。

教学释义：湖泊、水渠里的荷花明艳动人，花园里的草木发芽长高。枇杷树冬季里依然苍翠，而梧桐树在早秋就已经凋谢了。

陈根委翳，落叶飘摇。游鹍独运，凌摩绛霄。

教学释义：老树的根茎衰败枯萎，落叶在风中飘摇。鲲鸟独自在布满晚霞的红色天空中翱翔。

耽读玩市，寓目囊箱。易辎攸畏，属耳垣墙。

教学释义：痴迷于读书，哪怕逛街，也满眼都是书囊、书箱。发表议论最怕的是轻易随便，要防止隔墙有耳而招惹麻烦。

具膳餐饭，适口充肠。饱饫烹宰，饥厌糟糠。

教学释义：准备饭菜、享用食物要适应口味，还要满足肠胃的需求。吃得很饱就不会想着烹饪佳肴，宰杀牲畜。饿着肚子绝不嫌弃吃的是酒糟与糠菜。

亲戚故旧，老少异粮。妾御绩纺，侍巾帷房。

教学释义：亲戚朋友登门拜访时，应盛情款待，要按照长幼有别给老人和孩子盛上适合他们吃不同食物。作为妻子应在家操持好家务，尽心照料好丈夫。

纨扇圆洁，银烛炜煌。昼眠夕寐，蓝笋象床。

教学释义：素色薄绸制成的团扇浑圆洁白，银烛台上的蜡烛火光明亮。白天午睡夜晚安眠，铺的是青竹席，躺的是象牙床。

弦歌酒宴，接杯举觞。矫手顿足，悦豫且康。

教学释义：酒宴上有歌曲弦乐助兴，大家接过酒杯、举起酒觞，扬起手，脚下打着节拍，喜悦、欢乐地互祝安康。

嫡后嗣续，祭祀蒸尝。稽颡再拜，悚惧恐惶。

教学释义：嫡系后裔代代传承、延续，按四时秋冬祭祀祖先。先是屈膝下跪、恭敬叩头，然后是再三跪拜中规中矩。在祭祀时，人们内心又惧又怕，又惶又恐，唯恐失礼。（封建思想，应批判继承。）

笺牒简要，顾答审详。骸垢想浴，执热愿凉。

教学释义：信笺与度牒的回信方式应简明扼要，回答问题要慎重、详细。身体脏想洗澡，手里拿着热的东西会希望它快点凉。

驴骡犊特，骇跃超骧。诛斩贼盗，捕获叛亡。

教学释义：驴子、骡子、牛犊、公牛在平时不善奔跑，但在受到惊吓后飞奔起来，能超过骏马。惩罚、诛杀盗贼，逮捕、捉拿叛亡者。

布射僚丸，嵇琴阮啸。恬笔伦纸，钧巧任钓。

教学释义： 吕布善射，熊仪僚善弹弓，嵇康善弹琴，阮籍善长啸。蒙恬发明毛笔，蔡伦发明造纸术，马钧善制造机械，任公子善钓大鱼。

释纷利俗，并皆佳妙。毛施淑姿，工颦妍笑。

教学释义： 这些人或是善于消除纷扰，或是善于创造有利于世人的发明，都堪称是绝佳精妙。就好比毛嫱、西施的娴熟姿态，一个善于以皱眉体现美，一个善于用笑容打动人心。

年矢每催，曦晖朗曜。璇玑悬斡，晦魄环照。指薪修祜，永绥吉劭。

教学释义： 光阴似箭，时光流逝，太阳的光芒明朗而耀目。北斗七星高悬在天上运行，傍晚月出时的微光把大地照亮。注重修德积福的家族子孙才能代代延续、薪火传承、永远平安、吉祥美好。

矩步引领，俯仰廊庙。束带矜庄，徘徊瞻眺。

教学释义： 昂首挺胸按照规矩走路，在庙堂上俯仰之间仪态都很端庄。穿戴整齐、态度庄重严肃，却在敬献这篇文章时仰望着皇宫徘徊不安。

孤陋寡闻，愚蒙等诮。谓语助者，焉哉乎也。

教学释义： 为学识浅薄、见识不广而惭愧，愚笨蒙昧让人嘲笑。说到古书中的语气助词，那就是"焉""哉""乎""也"了。

第三节　《千字文》教学设计示例

教学设计一

【教学内容】

天地玄黄，宇宙洪荒。日月盈昃，辰宿列张。

寒来暑往，秋收冬藏。闰余成岁，律吕调阳。

【教学目标】

1.能准确、流利地诵读本段节选，了解《千字文》的基本用途和大致内容。

2.能借助注释尝试自主解释大意，解释的时候要注意能否说完整的话。

3.通过观看小动画、阅读小故事，能够初步概括其中蕴含的生活常识或历史故事。

【教学重难点】

重点：能准确、流利地诵读并知道《千字文》的基本用途和大致内容。在解释和交流的时候能注意说完整的话。

难点：能通过观看小动画、阅读小故事，概括其中蕴含的生活常识或历史故事。

【教学方法】

讲授法、问答法、演示法、读书指导法

【教学内容】

（一）齐读本小节：组织学生集体朗读

（二）《千字文》介绍（出示图书封面）

1. 缘起。相传梁武帝供皇子们学书，令殷铁石在王羲之书写的碑文中拓下不重复的一千个字编纂成文。但碑文中字互不连属，字字孤立，难以成文。于是他召来周兴嗣叮嘱道："卿有才思，为我韵之。"周兴嗣只用了一个晚上就编好进呈武帝。这便是传至今日的《千字文》。

2. 特点。《千字文》是由南朝梁周兴嗣编写的一本蒙学教材，主要目的是帮助儿童识字和掌握汉字，同时也介绍一些综合性的基础知识和生活常识。它构思精巧，知识丰富，涵盖了天文、地理、自然、社会、历史等多方面，教学内容体现了文化知识与伦理道德并重，编写注重儿童的心理特点和与日常生活的联系，力求将识字教育、基本知识教育和伦理道德教育有机结合起来。《千字文》是流传最广的蒙学教材之一，和《三字经》《百家姓》并称为"三百千"。

（三）借助注释，理解大意

1. 天地玄黄，宇宙洪荒。日月盈昃，辰宿列张。

（1）出示注解，尝试解释。

盈：月光圆满。

昃（zè）：太阳西斜。

宿（xiù）：我国天文学家将天空中某些星的集合体叫作"宿"。

教学释义：天是青色的，地是黄色的，宇宙形成于混沌之中。太阳东升西落，月亮有圆有缺，星辰有序遍布在空中。

（2）播放相关动画视频加深印象。

2. 寒来暑往，秋收冬藏。闰余成岁，律吕调阳。

（1）出示注解，尝试解释。

律吕：中国古代将音总称"六律""六吕"，简称"律吕"。相传黄帝时伶伦制乐，用律吕以调阴阳。

教学释义：季节循环变换，秋天收割，冬季储藏。闰余积累成一个月是闰年，古人用六律六吕来调节阴阳。

（2）结合识字课文图片，呈现历法常识。

一年分为四时，近代又叫四季，每个季节又按照孟、仲、季的排行来分别表示三个月份，如春季分为孟春（正月）、仲春（二月）和季春（三月）。

识　字

chūn　xià　qiū　dōng
① 春 夏 秋 冬

chūn fēng
春风

xià yǔ
夏雨

qiū shuāng
秋霜

dōng xuě
冬雪

chūn fēng chuī　　xià yǔ luò　　qiū shuāng jiàng　　dōng xuě piāo
春风吹　夏雨落　秋霜降　冬雪飘

2

（3）讨论交流：你还知道哪些关于季节或物候的知识？（小组讨论

后举手发言。)

（4）再次诵读，加深感知。

教学设计二

【教学内容】

云腾致雨，露结为霜。金生丽水，玉出昆冈。

剑号巨阙，珠称夜光。果珍李柰，菜重芥姜。

【教学目标】

1. 能准确、流利地诵读本段节选。

2. 能够借助注释尝试自主解释大意。解释的时候能够注意说完整的话。

3. 通过观看小动画或阅读小故事，能够初步概括其中蕴含的生活常识或历史故事。

【教学重难点】

重点：能准确、流利地诵读。在解释和交流的时候能注意说完整的话。

难点：能通过观看小动画、阅读小故事，概括其中蕴含的生活常识或历史故事。

【教学方法】

讲授法、问答法、演示法、读书指导法

【教学内容】

（一）齐读本小节

（二）借助注释，理解大意

1. 云腾致雨，露结为霜。金生丽水，玉出昆冈。

（1）出示注解，尝试解释。

丽水：即丽江，又名金沙江，出产黄金。

昆冈：昆仑山。

教学释义：云雾上升遇冷成雨，露水遇冷结霜。黄金产在金沙江，玉石出在昆仑山。

（2）链接所学，将几种常见自然现象联系感知。

（3）播放小动画：雨的形成。

2. 剑号巨阙，珠称夜光。果珍李柰，菜重芥姜。

（1）出示注解，尝试解释。

号：叫作。

巨阙（què）：越王命人铸造了五把宝剑，全都锋利无比，而以巨阙为最。

　　夜光：《搜神记》中说，隋侯救治好了一条受伤的大蛇，后来大蛇衔了一颗珍珠来报答他的恩情，那珍珠夜间放射出的光辉能照亮整个殿堂，因此人称"夜光"珠。

　　奈（nài）：果木名，落叶小乔木，花白色，果小。

　　教学释义：最锋利著名的宝剑是"巨阙"，最贵重的明珠叫"夜光"珠。李子和奈子是最珍贵的水果，芥菜和生姜是最重要的蔬菜。

　　（2）出示图片，直观感知。

3.链接教材，欣赏《千字文》书法作品。

3 书法欣赏

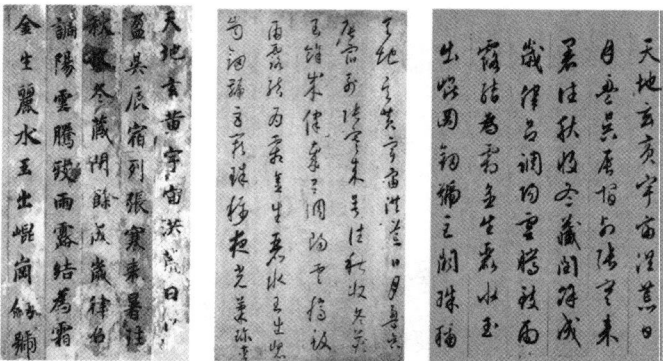

南朝智永楷书《千字文》（局部）　唐代怀素草书《千字文》（局部）　明代文徵明行草《千字文》（局部）

菜重芥姜，
果珍李柰，
珠称夜光。
剑号巨阙，
玉出昆冈。
金生丽水，
露结为霜。
云腾致雨，
律吕调阳。
闰余成岁，
秋收冬藏。
寒来暑往，
辰宿列张。
日月盈昃，
宇宙洪荒。
天地玄黄，

4 制定国家通用语言文字法的必要性①

　　我国是一个多民族、多语言、多文种的国家，……制定国家通用语言文字法，用法律的形式确定普通话和规范汉字作为国家通用语言文字的地位，规定国家通用语言文字的使用范围，有利于语言文字的社会应用，有利于各民族之间的交往，有利于促进民族团结，维护国家统一。

① 本文选自《关于〈中华人民共和国国家通用语言文字法（草案）〉的说明》。

50

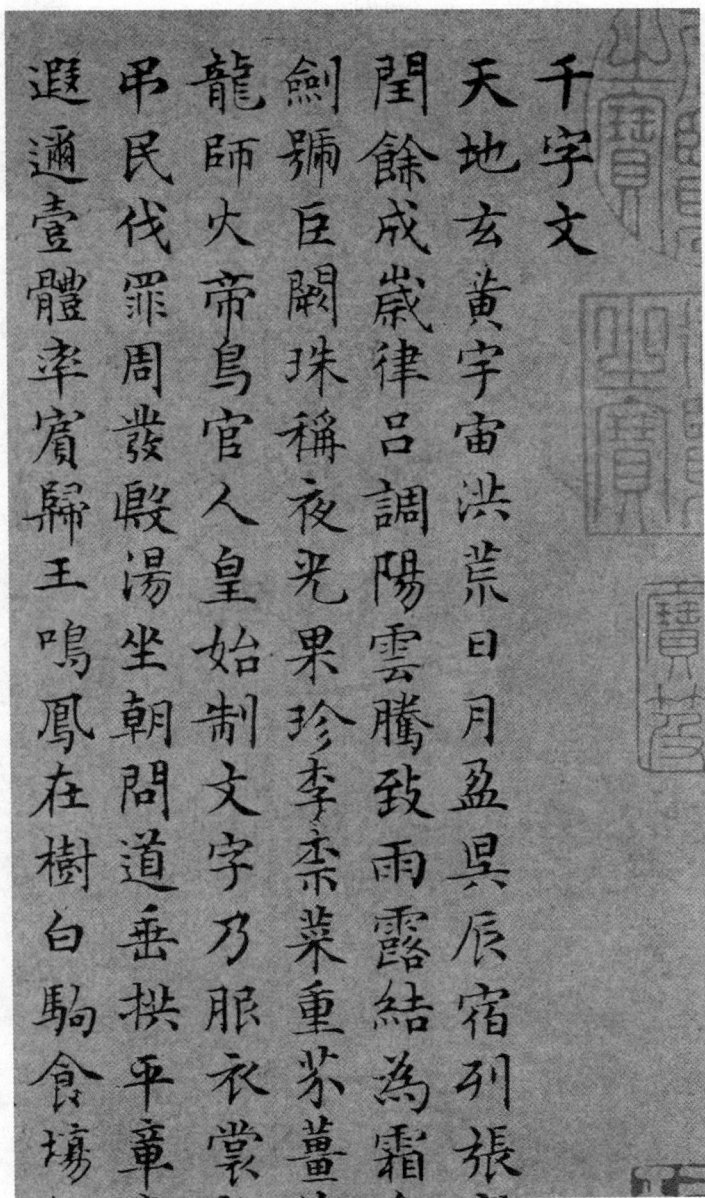

千字文

天地玄黃宇宙洪荒日月盈昃辰宿列張
閏餘成歲律呂調陽雲騰致雨露結為霜
劍號巨闕珠稱夜光果珍李柰菜重芥薑
龍師火帝鳥官人皇始制文字乃服衣裳
弔民伐罪周發殷湯坐朝問道垂拱平章
遐邇壹體率賓歸王鳴鳳在樹白駒食場

文征明，楷书

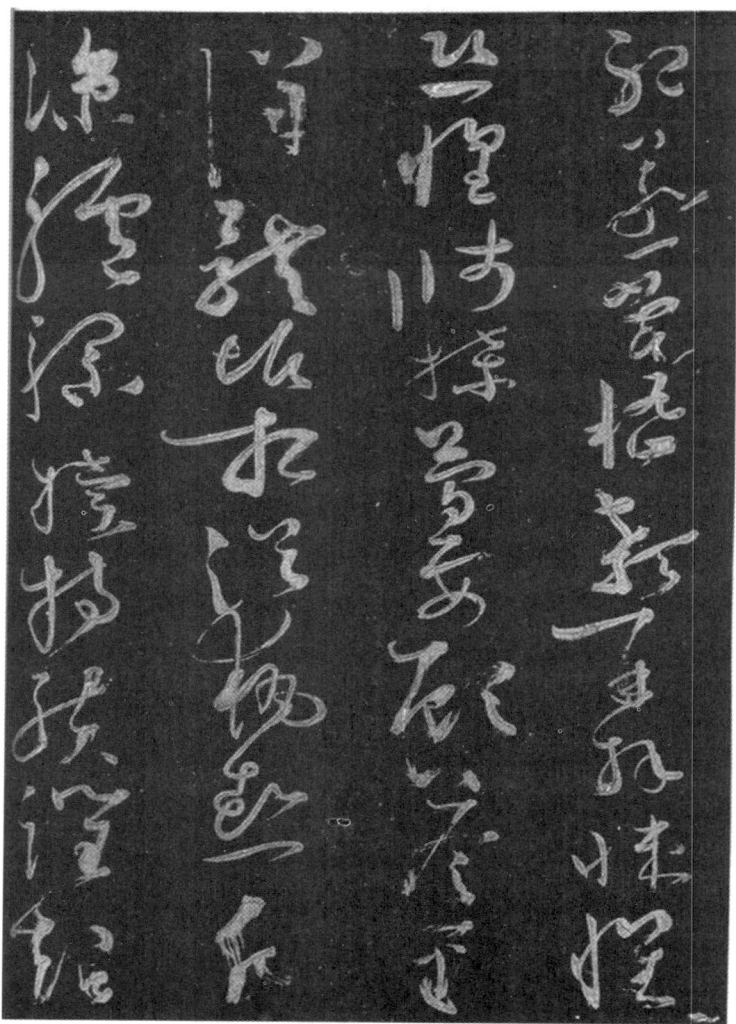

怀素《大草千字文》

教学设计三

【教学内容】

海咸河淡，鳞潜羽翔。龙师火帝，鸟官人皇。

始制文字，乃服衣裳。推位让国，有虞陶唐。

【教学目标】

1. 能准确、流利地诵读本段节选。

2. 能够借助注释尝试自主解释大意。解释的时候能够注意说完整的话。

3. 通过观看小动画、阅读小故事，能够初步概括其中蕴含的生活常识或历史故事。

【教学重难点】

重点：能准确、流利地诵读并在解释和交流的时候能注意说完整的话。

难点：能通过观看小动画、阅读小故事，概括其中蕴含的生活常识或历史故事。

【教学方法】

讲授法、问答法、演示法、读书指导法

【教学内容】

（一）齐读本小节

（二）借助注释，理解大意

1. 海咸河淡，鳞潜羽翔。龙师火帝，鸟官人皇。

（1）出示注解，尝试解释。

龙师：相传伏羲氏用龙给百官命名，因此叫他"龙师"。

火帝：神农氏用火给百官命名，因此叫他"火帝"。

鸟官：少昊（hào）氏用鸟给百官命名，叫他"鸟官"。

人皇：传说中的三皇之一。

教学释义：海水咸，河水淡，鱼儿水中游，鸟儿空中飞。龙师、火帝、鸟官、人皇，都是古代传说中的帝皇官员。

（2）问答讨论，激趣探究。

为什么海水咸，而河水淡？

播放科普小视频。

小结：河水主要由雨水来补给，而雨水是淡水；海水主要由江河湖来补给，江河湖中本身溶有大量的盐分，随水流汇入大海的时候也将盐分带入了海水，所以是咸的。正因为既有河水又有海水，我们才得以品尝到诸多的淡水鱼和海鲜。

2. 始制文字，乃服衣裳。推位让国，有虞陶唐。

（1）出示注解，尝试解释。

有虞：有虞氏，传说中的远古部落名，舜是它的首领。这里指舜，又称虞舜。

陶唐：陶唐氏，传说中的远古部落名，尧是它的首领。这里指尧，又称唐尧。尧当了七十年君主，他死时把君位让给了舜。舜当了五十年君主，又把君位传给了禹。史称"禅（shàn）让"。

教学释义：仓颉（jié）创造了文字，嫘（léi）祖发明了衣裳。唐尧、虞舜英明无私，主动把君位禅让给有功的臣子和贤人。

（2）出示小故事：仓颉造字。

　　相传以前，人们结绳记事，即大事打一大结，小事打一小结，相连的事打一连环结。后又发展到用刀子在木竹上刻以符号作为记事。随着历史的发展，文明渐进，事情繁杂，名物繁多，打结和刻木的方法远不能适应需要，这就有了创造文字的迫切需求。

　　黄帝时是上古发明创造较多的时期，那时华夏先祖不仅发明了养蚕，还发明了舟、车、弓弩、镜子和煮饭的锅等。在这些发明创造影响下，仓颉决心创造出一种文字来。有一年，仓颉到南方巡狩，看见"羊马蹄印"，日思夜想。他到处观察，看尽了天上星宿的分布情况、地上山川脉络的样子、鸟兽虫鱼的痕迹、草木器具的形状，描摹绘写，造出种种不同的符号，并且定下了每个符号所代表的意义。他按自己的心意用符号拼凑成几段，拿给人看，经他解说，倒也看得明白。仓颉把这种符号叫作字。

　　（3）播放视频或图片加深了解。

炎帝、黄帝与尧舜禹的传说

教学设计四

【教学内容】

鸣凤在竹，白驹食场。化被草木，赖及万方。

盖此身发，四大五常。恭惟鞠养，岂敢毁伤。

【教学目标】

1. 能准确、流利地诵读本段节选。

2. 能够借助注释尝试自主解释大意。解释的时候能够注意说完整的话。

3.通过观看小动画、阅读小故事，能够初步概括其中蕴含的生活常识或历史故事。

【教学重难点】

重点：能准确、流利地诵读并在解释和交流的时候能注意说完整的话。

难点：能通过观看小动画、阅读小故事，概括其中蕴含的生活常识或历史故事。

【教学方法】

讲授法、问答法、演示法、读书指导法

【教学内容】

（一）齐读本小节

（二）借助注释，理解大意

1.鸣凤在竹，白驹食场。化被草木，赖及万方。

驹（jū）：小马。

被（pī）：通"披"，覆盖，恩泽。

教学释义：凤凰在竹林中鸣叫、白马在草场吃草。贤王的仁德恩泽遍及天下百姓，甚至草木都沾受了恩惠。

2.盖此身发，四大五常。恭惟鞠养，岂敢毁伤。

（1）出示注解，尝试解释。

盖：发语词，无实义。

四大：指地、水、风、火。

五常：指仁、义、礼、智、信。

鞠（jū）养：抚养，养育。

教学释义：人的身体发肤分属于地、水、风、火，一言一动都要符合仁、义、礼、智、信。要懂得父母养育之恩，不能随意毁坏损伤身体。

（2）文学常识。

董仲舒提出"三纲五常"的道德规范，即君为臣纲、父为子纲、夫为妻纲，以及仁、义、礼、智、信五种道德标准，这一思想有利于巩固君权，维护社会秩序。

教学设计五

【教学内容】

知过必改，得能莫忘。罔谈彼短，靡恃己长。

信使可覆，器欲难量。墨悲丝染，诗赞羔羊。

【教学目标】

1. 能准确、流利地诵读本段节选。

2. 能够借助注释尝试自主解释大意。解释的时候能够注意说完整的话。

3. 通过观看小动画、阅读小故事，能够初步概括其中蕴含的生活常识或历史故事。

【教学重难点】

重点：能准确、流利地诵读并在解释和交流的时候能注意说完整的话。

难点：能通过观看小动画、阅读小故事，概括其中蕴含的生活常识或历史故事。

【教学方法】

讲授法、问答法、演示法、读书指导法

【教学内容】

（一）齐读本小节

（二）借助注释，理解大意

1. 知过必改，得能莫忘。罔谈彼短，靡恃己长。

（1）出示注解，尝试解释。

莫：不要。

罔（wǎng）：无，不，没有。

靡（mǐ）：无，不，没有。

恃（shì）：依赖，依仗。

教学释义：知错要改，新学的知识不能忘记。不要谈论别人的短处，更不要以为自己有长处就不思进取。

（2）链接所学，讨论交流。

引导学生讨论："知道哪些关于知错就改的故事？"

回忆五年级课文《将相和》中的故事"廉颇负荆请罪"。

2.信使可覆，器欲难量。墨悲丝染，诗赞羔羊。

（1）出示注解，尝试解释。

墨：墨子，名翟，战国初期思想家，墨家学派创始人。他看见匠人把白丝放进染缸里染色，悲叹道："染于苍则苍，染于黄则黄。"强调人要注意抵御不良环境的影响，保持天生的善性。

羔羊：语出《诗经》："羔羊之皮，素丝五绋。"通过咏羔羊毛色的洁白如一，来赞颂君子"节俭正直，德如羔羊"。

教学释义：诚实的话要经得起考验，器度要大，让人难以估量。墨子悲叹白丝被染上了杂色，《诗经》赞颂羔羊能始终保持洁白如一。

（2）日积月累，拓宽知识。

"素丝说"：墨子提出的有关教育对个人的作用的理论，阐明了环境和教育对于人的品性形成的影响。第一，人性不是先天所成的，生来的人性不过如同待染的素丝；第二，下什么颜色的染缸就染成什么颜色的丝，即有什么样的环境和教育就造就什么样的人。

教学设计六

【教学内容】

景行维贤，克念作圣。德建名立，行端表正。

空谷传声，虚堂习听。祸因恶积，福缘善庆。

【教学目标】

1. 能正确认读生字，熟读成诵。

2. 运用多种方法诵读，感受古文的生韵美。

3. 理解文义，培养学生学习古文的基本方法，增强学生热爱传统文化的情感。

【教学重难点】

重点：疏通文义，熟读成诵。

难点：培养学生学习古文的基本方法。

【教学方法】

讲授法、合作探究法

【教学过程】

（一）复习导入

教师说上句，学生说下句；教师说内容，学生说含义。

（二）新授

1. 阅读。

通过查阅字典的方式解决不认识的生字，熟读。教师范读、正音，学生继续自由读。同桌互相读选段，全班齐读，分组读。

2. 阅读理解。

结合课下注释简要了解选段含义。

（1）景行维贤，克念作圣：要仰慕圣贤的德行，克制私欲向圣人学习。

（2）德建名立，行端表正：有了德行才能建立声名，举止端庄仪表自然就会端正。

（3）空谷传声，虚堂习听：空旷的山谷能使声音传得很远，宽敞的厅堂里说话声音才清晰。

（4）祸因恶积，福缘善庆：灾祸是作恶多端的结果，福禄是乐善好施的回报。

3.学习古文的方法。

先了解字的含义，再连成一句话，注意语句要通顺。

4.巩固复习。

再次读选段。

5.作业。

熟读成诵，把这几句话的意思讲给父母听。

教学设计七

【教学内容】

尺璧非宝，寸阴是竞。资父事君，曰严与敬。

孝当竭力，忠则尽命。临深履薄，夙兴温凊。

【教学目标】

1.能正确认读生字，熟读成诵。

2.运用多种方法诵读，训练学生朗读古文的韵律感。

3.理解体会文义，培养热爱传统文化的情感，树立文化自信。

【教学重难点】

重点：疏通文义，熟读成诵。

难点：在反复诵读中体会文义，培养热爱传统文化的情感，树立文化自信。

【教学方法】

讲授法、合作探究法

【教学过程】

（一）导入

"慈母手中线，游子身上衣。"今天老师带领大家通过"千字文"选段明确奉养父母的职责。

（二）新授

1.阅读。

通过查阅字典的方式认识并熟读生字。

（教师范读、正音，学生继续自由读；同桌互相读选段，全班齐读，分组读。）

2.理解。

结合课下注释，小组合作简要了解选段含义。

尺璧非宝，寸阴是竞：美玉不一定是真正的宝贝，而时光是最值得珍惜的。

3.巩固复习。

教师说上句，学生说下句。

4.作业。

查找孝顺父母的古诗，在下次课上分享。

教学设计八

【教学内容】

似兰斯馨，如松之盛。川流不息，渊澄取映。

容止若思，言辞安定。笃初诚美，慎终宜令。

【教学目标】

1.能正确认读馨、渊、澄、笃等字，熟读成诵。

2.运用多种方法诵读，训练学生朗读古文的韵律感。

3.在反复诵读中体会文义，培养学生热爱传统文化的情感，树立学生文化自信。

【教学重难点】

重点：疏通文义，熟读成诵。

难点：在反复诵读中体会文义，培养学生热爱传统文化的情感，树立学生文化自信。

【教学方法】

讲授法、合作探究法

【教学过程】

（一）导入

自古以来，就有很多品德高尚的人，今天这一选段就将带我们领会做人的品质。

（二）新授

1.阅读。

通过查阅字典的方式解决不认识的生字，熟读。教师范读、正音，学生继续自由读。同桌互相读选段，全班齐读，分组读。

2.理解。

结合课下注释简要了解选段含义。

（1）似兰斯馨，如松之盛：好的德行（家风）像兰草那样清香，像松柏那样茂盛。

（2）川流不息，渊澄取映：好的德行（家风）像大河川流不息，代代流传；先人高尚的品德如同澄净的深潭一样照出你的不足。

（3）容止若思，言辞安定：指一个人的仪容举止显得端庄稳重，如同在深思熟虑一般，而在言语交流中则表现出安详准确，不急不躁。

（4）笃初诚美，慎终宜令：无论做什么事，开始的时候能认真对待的确是不错的，更可贵的是能一直坚持做完一件事。

3. 再次朗读选段内容，巩固复习。

4. 作业：寻找身边的"君子"。

教学设计九

【教学内容】

仁慈隐恻，造次弗离。节义廉退，颠沛匪亏。

性静情逸，心动神疲。守真志满，逐物意移。

【教学目标】

1. 能正确认读生字，熟读成诵。

2. 运用多种方法诵读，训练学生朗读古文的韵律感。

3. 在反复诵读中体会文义，培养学生热爱传统文化的情感，树立学生文化自信。

【教学重难点】

重点：疏通文义，熟读成诵。

难点：在反复诵读中体会文义，培养学生热爱传统文化的情感，树立学生文化自信。

【教学方法】

讲授法、合作探究法

【教学过程】

（一）复习导入

教师说上句，学生说下句；教师说内容，学生说含义。

（二）新授

1.阅读。

通过查阅字典的方式解决不认识的生字，熟读。教师范读、正音，学生继续自由读。同桌互相读选段，全班齐读，分组读。

2.理解。

结合课下注释简要了解选段含义。

（1）仁慈隐恻，造次弗离：仁慈的品德与同情心不要轻易地丢弃。

（2）节义廉退，颠沛匪亏：气节、正义、廉洁与退让这四项操守，在任何时候都不能有所违背。

（3）性静情逸，心动神疲：性情沉静下来，情感自然就会安逸自在；心绪躁动不安，精神就会疲惫困倦。

（4）守真志满，逐物意移：守住天生的本性，才容易达成志向；过于注重对身外之物的追求，意志就会逐渐偏转甚至被毁掉。

3.巩固复习：全班再次齐读。

4.作业：熟读成诵，把这几句话的意思讲给父母听。

教学设计十

【教学内容】

纨扇圆洁，银烛炜煌。昼眠夕寐，蓝笋象床。

弦歌酒宴，接杯举觞。矫手顿足，悦豫且康。

【教学目标】

1.能正确认读生字，熟读成诵。

2.运用多种方法诵读，训练学生朗读古文的韵律感。

3.在反复诵读中体会文义，培养学生热爱传统文化的情感，树立文化自信。

【教学重难点】

重点：疏通文义，熟读成诵。

难点：在反复诵读中体会文义，培养学生热爱传统文化的情感，树立文化自信。

【教学方法】

讲授法、合作探究法

【教学过程】

（一）复习导入

教师说上句，学生说下句；教师说内容，学生说含义。

（二）新授

1.阅读：通过查阅字典的方式解决不认识的生字，读熟；教师范读、正音，学生继续自由读；同桌互相读选段，全班齐读，分组读。

2.理解：结合课下注释，简要了解选段含义。

（1）纨扇圆洁，银烛炜煌：用纨绡制成的扇子轻柔圆润，用银制的蜡烛发出明亮夺目的光芒。

（2）昼眠夕寐，蓝笋象床：白天午睡夜晚安眠，铺的是青竹席，躺的是象牙床。

（3）弦歌酒宴，接杯举觞：奏着乐唱着歌，摆酒开宴开怀畅饮。

（4）矫手顿足，悦豫且康：情不自禁地手舞足蹈，真是快乐又安康。

3.巩固复习：学生再次读千字文选段内容，更加深刻地理解。

4.作业：寻找能表达快乐的诗句。

第四章 《千家诗》

第一节 《千家诗》与小学语文

一、《千家诗》简介

《千家诗》是《分门纂类唐宋时贤千家诗选》的简称，是我国旧时具有启蒙性质的诗歌选本。自问世以来，经历南宋、元、明、清四个朝代，影响不断扩大，尤其在明清两朝流传极广，在儿童普及读物中影响深远。因为它所选的诗歌大多是唐宋时期的名家名篇，易学好懂，题材多样：山水田园、赠友送别、思乡怀人、吊古伤今、咏物题画、侍宴应制，反映了唐宋时期的社会现实，所以在民间流传广泛，影响深远。《千家诗》为四卷本，共有122位诗人，226首诗。其中诗人为唐代65位，宋代53位，明代2位，无名氏2位，其中的诗都是律诗和绝句。

《千家诗》至今仍然受大众喜爱，雅俗共赏、老少咸宜，可以作为我们学习中国传统文化的优秀读物。希望大家能够在阅读与欣赏中取其精华，去其糟粕，古为今用。

二、《千家诗》与小学语文教学

古诗是中华民族宝贵的文化遗产，不仅代表了中国古代诗人在特定时代和环境下的思想和情感，也承载着中国人的文化情感。在小学语文教学中，古诗教学不仅有利于学生的语言表达能力和审美情趣的培养，更重要的是有助于学生对中国传统文化的理解和传承。古诗的语言具有优美、凝练的特点，学习古诗可以培养学生的语感和语言表达能力；古诗所表达的情感和意境能够丰富学生的词汇量和语言表达方式，提高学生的写作水平；古诗作为中国古代文学的瑰宝，蕴含着丰富的文化内涵和审美价值，学习古诗可以培养学生文学欣赏能力，提升审美情趣；古诗是中华传统文化的重要组成部分，学习古诗词有助于学生了解中国古代文化、历史和民风民俗，培养他们对中华优秀传统文化的热爱和传承意识；古诗教学可以让学生在接触优秀传统文化的基础上树立文化自信，增强对中华传统文化的认同感。因此，古诗与小学语文教学密切相关，它既是传承中华优秀传统文化的重要载体，又是培养学生各项能力的有效途径。

我们期待古诗教学能在小学语文教学中发挥更大的作用，为培养学生的综合素养和传承中华文化做出更大的贡献。同时，我们也希望广大教师能够不断研究和实践，为古诗词教学的发展注入新的活力。

《千家诗》既是古代经典启蒙读物，更是学习中华传统文化的优秀读物。部编版小学语文教材中有 26 首古诗选自《千家诗》。

三、部编版小学语文教材中《千家诗》内容概览

（一）一年级（下册）

1.语文园地二　日积月累　春晓

春　晓

【唐】孟浩然

春眠不觉晓，

处处闻啼鸟。

夜来风雨声，

花落知多少。

2.第四单元　7　静夜思

静夜思

【唐】李白

床前明月光，

疑是地上霜。

举头望明月，

低头思故乡。

3.语文园地四　日积月累　寻隐者不遇

寻隐者不遇

【唐】贾岛

松下问童子，

言师采药去。

只在此山中，

云深不知处。

（二）二年级（上册）

第三单元　8　古诗二首　登鹳雀楼

登鹳雀楼

【唐】王之涣

白日依山尽，

黄河入海流。

欲穷千里目，

更上一层楼。

（三）二年级（下册）

1.第六单元　15　古诗二首　晓出净慈寺送林子方

晓出净慈寺送林子方

【宋】杨万里

毕竟西湖六月中，

风光不与四时同。

接天莲叶无穷碧，

映日荷花别样红。

2.第六单元　15　古诗二首　绝句

绝　句

【唐】杜甫

两个黄鹂鸣翠柳，

一行白鹭上青天。

窗含西岭千秋雪，

门泊东吴万里船。

（四）三年级（上册）

1.第二单元 4 古诗三首 赠刘景文

赠刘景文

【宋】苏轼

荷尽已无擎雨盖，

菊残犹有傲霜枝。

一年好景君须记，

最是橙黄橘绿时。

2.第六单元 17 古诗三首 饮湖上初晴后雨

饮湖上初晴后雨

【宋】苏轼

水光潋滟晴方好，

山色空蒙雨亦奇。

欲把西湖比西子，

淡妆浓抹总相宜。

（五）三年级（下册）

1.第一单元 1 古诗三首 三衢道中

三衢道中

【宋】曾几

梅子黄时日日晴，

小溪泛尽却山行。

绿阴不减来时路，

添得黄鹂四五声。

2. 第三单元　9　古诗三首　元日

元　日

【宋】王安石

爆竹声中一岁除，

春风送暖入屠苏。

千门万户瞳瞳日，

总把新桃换旧符。

3. 第三单元　9　古诗三首　清明

清　明

【唐】杜牧

清明时节雨纷纷，

路上行人欲断魂。

借问酒家何处有？

牧童遥指杏花村。

4. 语文园地四　日积月累　滁州西涧

滁州西涧

【唐】韦应物

独怜幽草涧边生，

上有黄鹂深树鸣。

春潮带雨晚来急，

野渡无人舟自横。

（六）四年级（上册）

第三单元　9　古诗三首　雪梅

雪　梅

【宋】卢钺

梅雪争春未肯降，

骚人阁笔费评章。

梅须逊雪三分白，

雪却输梅一段香。

（七）四年级（下册）

语文园地六　日积月累　独坐敬亭山

独坐敬亭山

【唐】李白

众鸟高飞尽，

孤云独去闲。

相看两不厌，

只有敬亭山。

（八）五年级（上册）

1.第四单元　12　古诗三首　题临安邸

题临安邸

【宋】林升

山外青山楼外楼，

西湖歌舞几时休？

暖风熏得游人醉，

直把杭州作汴州。

2.第七单元 21 古诗词三首 枫桥夜泊

枫桥夜泊

【唐】张继

月落乌啼霜满天，

江枫渔火对愁眠。

姑苏城外寒山寺，

夜半钟声到客船。

3.语文园地八 日积月累 观书有感（其一）

观书有感（其一）

【宋】朱熹

半亩方塘一鉴开，

天光云影共徘徊。

问渠那得清如许？

为有源头活水来。

4.语文园地八 日积月累 观书有感（其二）

观书有感（其二）

【宋】朱熹

昨夜江边春水生，

蒙冲巨舰一毛轻。

向来枉费推移力，

此日中流自在行。

（九）五年级（下册）

1.第一单元 1 古诗三首 四时田园杂兴（其三十一）

四时田园杂兴（其三十一）

【宋】范成大

昼出耘田夜绩麻，

村庄儿女各当家。

童孙未解供耕织，

也傍桑阴学种瓜。

2.第一单元 1 古诗三首 村晚

村 晚

【宋】雷震

草满池塘水满陂，

山衔落日浸寒漪。

牧童归去横牛背，

短笛无腔信口吹。

3.语文园地七 日积月累 乡村四月

乡村四月

【宋】翁卷

绿遍山原白满川，

子规声里雨如烟。

乡村四月闲人少，

才了蚕桑又插田。

（十）六年级（上册）

1.语文园地三　日积月累　春日

春　日

【宋】朱熹

胜日寻芳泗水滨，

无边光景一时新。

等闲识得东风面，

万紫千红总是春。

2.第六单元　18　古诗三首　江南春

江南春

【唐】杜牧

千里莺啼绿映红，

水村山郭酒旗风。

南朝四百八十寺，

多少楼台烟雨中。

3.第六单元　18　古诗三首　书湖阴先生壁

书湖阴先生壁

【宋】王安石

茅檐长扫净无苔，

花木成畦手自栽。

一水护田将绿绕，

两山排闼送青来。

（十一）六年级（下册）

1.古诗词诵读 2 送元二使安西

送元二使安西

【唐】王维

渭城朝雨浥轻尘，

客舍青青柳色新。

劝君更尽一杯酒，

西出阳关无故人。

2.古诗词诵读 7 游园不值

游园不值

【宋】叶绍翁

应怜屐齿印苍苔，

小扣柴扉久不开。

春色满园关不住，

一枝红杏出墙来。

第二节 《千家诗》教学释义

五 绝

春 晓

【唐】孟浩然

春眠不觉晓，处处闻啼鸟。

夜来风雨声，花落知多少。

教学释义：春天的觉睡得最是香甜，不知不觉天已亮了，到处都能听得见鸟儿欢快的啼鸣。昨天夜里，风声雨声不绝于耳，那娇美的春花不知被风吹落了多少？

洛中访袁拾遗不遇

【唐】孟浩然

洛阳访才子，江岭作流人。

闻说梅花早，何如此地春。

教学释义：到洛阳是为了和才子袁拾遗相聚，没想到他已成为江岭的流放者。听说那里的梅花开得早，可是怎么能比得上洛阳春天的美好呢？

送郭司仓

【唐】王昌龄

映门淮水绿，留骑主人心。

明月随良椽，春潮夜夜深。

教学释义：月光下碧绿的淮河水映照在门上，我还是不希望你离去。只有明月随着先生的身影离去，而我思念你的心绪像夜里春潮一样逐渐加深。

洛阳道五首献吕四郎中·其三

【唐】储光羲

大道直如发，春来佳气多。

五陵贵公子，双双鸣玉珂。

教学释义：洛阳城里的道路平直，春天很多时候都是阳光明媚、景色宜人。著名的五处皇家陵园常有富家子弟去踏春，大道上飘扬着马匹上的玉饰发出的叮当声，不用看也知道是公子们成双结对而来。

独坐敬亭山

【唐】李白

众鸟高飞尽，孤云独去闲。

相看两不厌，只有敬亭山。

教学释义：群鸟飞得无影无踪，孤云却悠闲自在。互相看着都不觉得满足的只有我和眼前的敬亭山。

登鹳雀楼

【唐】王之涣

白日依山尽，黄河入海流。

欲穷千里目，更上一层楼。

教学释义：太阳依傍着西山慢慢沉落，滔滔黄河向东奔流入海。若想看到千里风光，那就要登上更高的一层楼。

同洛阳李少府观永乐公主入蕃

【唐】孙逖

边地莺花少，年来未觉新。

美人天上落，龙塞始应春。

教学释义：边塞之地既没有鲜花盛开，也没有莺鸟啼唱，新年都过了还没有见到春色。永乐公主嫁到塞外，如美人从天而降，应该能使这苦寒之地开始有美丽的春光。

春 怨

【唐】金昌绪

打起黄莺儿，莫教枝上啼。

啼时惊妾梦，不得到辽西。

教学释义：把树上的黄莺鸟惊走，不让它在树枝啼鸣。因为它的叫声会惊扰我的好梦，使我不能到辽西与我心爱的人相会。

左掖梨花

【唐】丘为

冷艳全欺雪，余香乍入衣。

春风且莫定，吹向玉阶飞。

教学释义：梨花自然比白雪艳丽，清冷的样子也赛过雪花，它散发出的香气一下就侵入衣衫里。请春风继续吹动它的花瓣，希望这美丽的花朵能飘落在皇宫大殿的玉石台阶上。

思君恩

【唐】令狐楚

小苑莺歌歇，长门蝶舞多。

眼看春又去，翠辇不曾过。

教学释义：皇宫林苑中的黄莺啼鸣声停息了，长门宫前到处是蝴蝶飞舞。眼看大好的春光即将逝去，而皇帝的车驾从不曾来过。

题袁氏别业

【唐】贺知章

主人不相识，偶坐为林泉。

莫谩愁沽酒，囊中自有钱。

教学释义：（我）虽没见过别墅的主人，但会偶尔来此坐一坐，欣赏那林木和石泉。请（指主人）不要发愁酒的事，我的口袋中自有打酒的钱。

夜送赵纵

【唐】杨炯

赵氏连城璧，由来天下传。

送君还旧府，明月满前川。

教学释义：赵国的和氏璧价值连城，自古天下闻名。今晚送你回故乡，月光铺满眼前的水面。

竹里馆

【唐】王维

独坐幽篁里，弹琴复长啸。

深林人不知，明月来相照。

教学释义： 独自闲坐幽静竹林，时而弹琴时而长啸。密林之中何人知晓我在这里？只有一轮明月静静与我相伴。

送朱大入秦

【唐】孟浩然

游人五陵去，宝剑值千金。

分手脱相赠，平生一片心。

教学释义： 朱大你要到长安去，我有宝剑值千金。现在我把这宝剑解下来送给你，以表我今生对你的情谊。

长干曲四首·其一

【唐】崔颢

君家何处住，妾住在横塘。

停船暂借问，或恐是同乡。

教学释义： 请问大哥你的家在何方？我家住在建康的横塘。停下船暂且借问一声，听口音恐怕咱们是同乡。

咏史

【唐】高适

尚有绨袍赠，应怜范叔寒。

不知天下士，犹作布衣看。

教学释义： 连须贾都赠送过长袍，可见范雎这样贫寒的人多令人同情。人们不知道范雎是天下治世贤才，所以才把他当成普通人看待。

罢相作

【唐】李适之

避贤初罢相，乐圣且衔杯。

为问门前客，今朝几个来。

教学释义：为让贤我辞去宰相职务，正好可以开怀畅饮。昔日车水马龙的盈门宾客，如今无影无踪。

逢侠者

【唐】钱起

燕赵悲歌士，相逢剧孟家。

寸心言不尽，前路日将斜。

教学释义：赵、燕两地慷慨悲歌的侠士多，今天我们恰好相逢在侠士剧孟的故乡洛阳。心中悲愤不平之事还未诉说完，太阳却已西斜。

江行无题一百首·其六十八

【唐】钱珝

咫尺愁风雨，匡庐不可登。

只疑云雾窟，犹有六朝僧。

教学释义：庐山近在咫尺，本是极易攀登，哪知因为风雨的阻隔无法如愿，叫人发愁。仰望高山峻岭，云雾缭绕，那庐山深处的洞窟中，也许仍有六朝时期的高僧在隐居栖息吧。

答李浣三首·其三

【唐】韦应物

林中观易罢，溪上对鸥闲。

楚俗饶词客，何人最往还。

教学释义：在幽深的竹林中刚看完易经，便悠闲地泛舟溪上与鸥鸟相伴。屈子的故乡（楚地）有众多的诗人与你唱和赠答，哪一个最频繁呢？

秋风引

【唐】刘禹锡

何处秋风至？萧萧送雁群。

朝来入庭树，孤客最先闻。

教学释义：秋风不知从哪里吹来，萧萧地送来了一群群大雁。清早秋风吹到庭中的树木，最先听到秋风声音的是孤独的旅人。

秋夜寄邱员外

【唐】韦应物

怀君属秋夜，散步咏凉天。

空山松子落，幽人应未眠。

教学释义：（我）在这深秋的夜晚怀念你，散步咏叹寒凉的霜天。此刻空山中传来松子落地的声音，幽居的友人一定还未安眠。

秋　日

【唐】耿沣

反照入间巷，忧来与谁语？

古道少人行，秋风动禾黍。

教学释义：夕阳射进深深的间巷，我能向谁倾诉来排解忧伤？古道荒凉，（所以黄昏时分）很少看到行人，秋风吹动禾黍，我的愁思却绵绵无量。

秋日湖上

【唐】薛莹

落日五湖游，烟波处处愁。

浮沉千古事，谁与问东流。

教学释义：落日时分在太湖上游船，烟波迷漫的景色使人忧愁。千古历史正如这浩渺烟波笼罩下的水浪在浮沉中远逝，谁会关心那些烦冗沉寂的事呢？

宫中题

【唐】李昂

辇路生秋草，上林花满枝。

凭高何限意，无复侍臣知。

教学释义：宫中的辇道旁秋草丛生，上林苑的鲜花压满枝头。登高生出的无限悲苦和感慨之意，恐怕连我的侍臣也不知道。

寻隐者不遇

【唐】贾岛

松下问童子，言师采药去。

只在此山中，云深不知处。

教学释义：苍松下，询问隐者的童子他的师傅到哪里去了。他说，师傅采药去了，就在这座山中，可是林深云密，他也不知道师傅到底在哪里。

汾上惊秋

【唐】苏颋

北风吹白云，万里渡河汾。

心绪逢摇落，秋声不可闻。

教学释义：秋天的北风吹动白云，（我）来到汾河之上。此刻我的心情遇上了草木凋落的景象，这秋风更使我心烦意乱。

蜀道后期

【唐】张说

客心争日月，来往预期程。

秋风不相待，先至洛阳城。

教学释义：我客游在外，行事尽量迅速，像同时间在竞争，来往的行程都是预先规划好了的。可秋风不肯等待，自个儿先到洛阳城去了。

静夜思

【唐】李白

床前明月光，疑是地上霜。

举头望明月，低头思故乡。

教学释义：明亮的月光洒在床头，地上犹如泛地了一层白霜。我不禁抬头遥望那窗外一轮明月，不由得低头想念远方的家乡。

秋浦歌十七首·其十五

【唐】李白

白发三千丈，缘愁似个长。

不知明镜里，何处得秋霜。

教学释义：满头三千丈白发，是因为忧愁才长得这样长。不知在明镜之中，是何处的秋霜落在我的头发上？

题祀山烽树赠乔十二侍御

【唐】陈子昂

汉廷荣巧宦，云阁薄边功。

可怜骢马使，白首为谁雄。

教学释义：汉代朝廷荣宠机巧奸诈、投机钻营的官吏，而对边疆有功将士的奖励很微薄。可怜的乔侍御，怎么就看不清形势？头发都白了，还为谁去争强好胜？

答武陵太守

【唐】王昌龄

仗剑行千里，微躯敢一言。

曾为大梁客，不负信陵恩。

教学释义：我即将仗剑作千里之行，以卑微之身冒昧地向您说一句话：战国时，曾在大梁做过门客的人都没有辜负信陵君，我在武陵受到太守的提携，也绝不忘记您对我的恩惠。

行军九日思长安故园

【唐】岑参

强欲登高去，无人送酒来。

遥怜故园菊，应傍战场开。

教学释义：（我）勉强地想要按照习俗去登高饮酒，可惜再也没有像王弘那样的人送酒来。怜惜远方长安故园中的菊花，这时应正寂寞地在战场旁边盛开。

婕妤怨

【唐】皇甫冉

花枝出建章，凤管发昭阳。

借问承恩者，双蛾几许长。

教学释义：宫女们把自己打扮得花枝招展，袅袅婷婷，鱼贯走出建章宫殿。昭阳宫里住着细腰美人赵飞燕，吹吹打打，在乐声中为王侍宴。请问承受帝王恩宠的宫女嫔妃，你们谁能超越我的弯弯双眉？

题竹林寺

【唐】朱放

岁月人间促，烟霞此地多。

殷勤竹林寺，更得几回过。

教学释义：岁月蹉跎于人间，但烟霞美景更多地停留在竹林寺附近，没有因为时过境迁而消散。（我）因为爱这番烟霞就对竹林寺有了感情，但就算心中有深情厚谊也不知道今后能否再来欣赏这美景了。

三闾庙

【唐】戴叔伦

沅湘流不尽，屈子怨何深。

日暮秋风起，萧萧枫树林。

教学释义：沅水、湘水滚滚向前无穷无尽，屈原遭到小人打击，不能实现自己宏图大业的哀怨是多么地深。日暮黄昏，一阵阵秋风吹起，三闾庙边的枫林萧萧作响。

于易水送别

【唐】骆宾王

此地别燕丹，壮士发冲冠。

昔时人已没，今日水犹寒。

教学释义：在这个地方荆轲曾告别燕太子丹，壮士怒发冲冠。那时的人都已不在了，可今天的易水还是那样的寒冷。

留卢秦卿

【唐】司空曙

知有前期在，难分此夜中。

无将故人酒，不及石尤风。

教学释义：虽然我们早就约定了往后相聚的日期，可是今晚还是难舍难离。请不要回绝我进酒的挽留，或者要挽留你，始终比不上头顶刮起的逆风。

答　人

【唐】太上隐者

偶来松树下，高枕石头眠。

山中无历日，寒尽不知年。

教学释义：我偶然来到这深山的松树下游玩，累了就把石头当枕头无忧无虑地睡上一觉。山中没有记载年月时令的历书，冬去春来，也不知道是哪年哪月。

五 律

幸蜀西至剑门

【唐】李隆基

剑阁横云峻，銮舆出狩回。

翠屏千仞合，丹嶂五丁开。

灌木萦旗转，仙云拂马来。

乘时方在德，嗟尔勒铭才。

教学释义：剑门山高耸入云，险峻无比；我避乱到蜀，今日得以回京。只见那如翠色屏风的山峰，高有千仞，那如红色屏障的石壁，全凭五位大力士开出路径。灌木丛生，好似缠绕的旌旗，时隐时现；白云有如飞仙，迎面拂拭着马来。治理国家应该顺应时势，施行仁德之政，各位大臣，你们平定叛乱，建功立业，是国家的栋梁之材。

和晋陵陆丞早春游望

【唐】杜审言

独有宦游人，偏惊物候新。

云霞出海曙，梅柳渡江春。

淑气催黄鸟，晴光转绿蘋。

忽闻歌古调，归思欲沾巾。

教学释义：只有为功名而漂流他乡的人，才会对景物气候的变化格外敏锐。云霞从海上升起带来曙光，江南梅柳换上了春装。和风吹拂送来黄莺的声声啼啭，晴日照耀着摇曳的蘋叶。忽然听到有人唱起高亢而古雅的曲调，勾起了我的思乡之情，止不住热泪长淌揩湿了帕巾。

蓬莱三殿侍宴奉敕咏终南山应制

【唐】杜审言

北斗挂城边，南山倚殿前。

云标金阙迥，树杪玉堂悬。

半岭通佳气，中峰绕瑞烟。

小臣持献寿，长此戴尧天。

教学释义：北斗星挂在长安城边，终南山好像依靠在蓬莱三殿前。山上华丽的宫殿耸入云端，精美的楼阁在树梢上高悬。半山腰飘浮着清新的瑞气，山峰中环绕着祥瑞的云烟。小臣我持酒向皇帝祝寿，愿永远生活在太平盛世中。

春夜别友人二首·其一

【唐】陈子昂

银烛吐青烟，金樽对绮筵。

离堂思琴瑟，别路绕山川。

明月隐高树，长河没晓天。

悠悠洛阳去，此会在何年。

教学释义：明亮的蜡烛吐着缕缕青烟，精美丰盛的席宴（我们）高举金杯面对。饯别的厅堂里回忆着朋友的情意融洽，分别后要绕山过水，路途遥远。宴席一直持续到明月隐蔽在高树之后，银河消失在拂晓之中。走在这悠长的洛阳道上，不知什么时候才能相会？

侍宴长宁公主东庄应制

【唐】李峤

别业临青甸，鸣銮降紫霄。

长筵鹓鹭集，仙管凤凰调。

树接南山近，烟含北渚遥。

承恩咸已醉，恋赏未还镳。

教学释义：公主的别墅临跨着青绿的郊野，君主的銮驾常常到这仙宫天阙。百官们列队迎候着降驾的天子，管弦吹奏着凤凰和鸣般的声乐。树接南山，南山离东庄这么近，烟漫北渚，北渚离这儿如此远。承赐盛宴啊，群臣们早有醉颜，恋赏花美的东庄，忘却了回还。

恩制赐食于丽正殿书院宴赋得林字

【唐】张说

东壁图书府，西园翰墨林。

诵诗闻国政，讲易见天心。

位窃和羹重，恩叨醉酒深。

缓歌春兴曲，情竭为知音。

教学释义：丽正殿设了书院，成了文人学士聚会的地方。诵读《诗经》能够了解国事，讲解《易经》能够知道天意。我位居宰相责任重大，承蒙皇恩赐宴酒醉深。诵唱春兴曲，竭尽才智作诗酬知音。

送友人

【唐】李白

青山横北郭，白水绕东城。

此地一为别，孤蓬万里征。

浮云游子意，落日故人情。

挥手自兹去，萧萧班马鸣。

教学释义：青翠的山峦横卧在城北，波光粼粼的流水围绕着城东。在此相互道别，你像孤蓬那样随风飘荡到万里之外。浮云像游子一样飘忽不定，夕阳似乎有所留恋。（我们）频频挥手作别，马儿也为惜别声声嘶鸣。

送友人入蜀

【唐】李白

见说蚕丛路，崎岖不易行。

山从人面起，云傍马头生。

芳树笼秦栈，春流绕蜀城。

升沉应已定，不必问君平。

教学释义： 听说入蜀尽是山路，崎岖的鸟道坎坷难行。如削的峭壁迎面陡起，突现的云彩从马头生成。堆碧的芳树遮住秦道，浮绿的春水护着蜀城。仕途的荣落升沉都已命中注定，不用去问擅长卜卦的君平。

次北固山下

【唐】王湾

客路青山外，行舟绿水前。

潮平两岸阔，风正一帆悬。

海日生残夜，江春入旧年。

乡书何处达？归雁洛阳边。

教学释义： 旅客要走的道路呀，正从青青北固山向远方伸展。江上碧波荡漾，我正好乘船向前。潮水上涨，与岸齐平，江面变得开阔无边。和风吹拂，风向不偏，一叶白帆好像悬挂在高远江天。红日从东海上升起，冲破残夜，驱尽大地的黑暗。大江弥漫着温煦的气息，春天提早进入了旧年。我多思念亲爱的故乡，书信早已写好，如何寄回家园？掠过晴空的北归鸿雁啊，拜托你们，把信捎到洛阳那边。

苏氏别业

【唐】祖咏

别业居幽处，到来生隐心。

南山当户牖，沣水映园林。

竹覆经冬雪，庭昏未夕阴。

寥寥人境外，闲坐听春禽。

教学释义： 别墅地处幽静的僻壤，到这儿你把隐居的生活向往。当着窗扉能看到南山的远影，粼粼沣水掩映着园林的风光。经冬的残雪仍覆盖在竹梢上，太阳未落山庭院已昏暗无光。寂寥的幽境仿佛是世外桃源，闲听春鸟声能慰藉你的愁肠。

春宿左省

【唐】杜甫

花隐掖垣暮，啾啾栖鸟过。

星临万户动，月傍九霄多。

不寝听金钥，因风想玉珂。

明朝有封事，数问夜如何。

教学释义： 傍晚时分，"左省"里开放的花朵隐约可见，天空中投林栖息的鸟儿飞鸣而过。在夜空群星的照耀下，宫殿中的千门万户似乎也在闪动；宫殿高入云霄，靠近月亮，仿佛照到的月光也特别多。（我）值夜时睡不着觉，仿佛听到了有人开宫门的锁钥声；风吹檐间铃铎，好像听到了百官骑马上朝的马铃响。明日早朝要上封事，（我）心绪不宁，反反复复询问：到了什么时辰？

题玄武禅师屋壁

【唐】杜甫

何年顾虎头，满壁画沧州。

赤日石林气，青天江海流。

锡飞常近鹤，杯度不惊鸥。

似得庐山路，真随惠远游。

教学释义： 不知道何时玄武庙的禅房屋壁上留下了精彩的壁画，画的都是玄武山中的奇妙景色。林木葱郁山石嶙峋，青天白日江水奔流。宝志寺与白鹤观隔江而立。高僧大概是用木杯渡江而来吧，那仙风道骨的轻盈飘忽似乎连水上嬉戏的鸥鸟也不会被惊起。玄武庙真是清幽雅致的所在，走在上山的路犹如行走在庐山之中，连我这样的凡夫俗子也好像有了超然物外的感受。

终南山

【唐】王维

太乙近天都，连山到海隅。

白云回望合，青霭入看无。

分野中峰变，阴晴众壑殊。

欲投人处宿，隔水问樵夫。

教学释义： 巍巍的终南山临近长安城，山连着山一直延伸到海边。回望山下白云滚滚连成一片，青霭迷茫进入山中都不见。中央主峰把终南东西隔开，各山间山谷迥异阴晴多变。（我）想在山中找个人家去投宿，隔水询问那樵夫是否方便。

寄左省杜拾遗

【唐】岑参

联步趋丹陛，分曹限紫微。

晓随天仗入，暮惹御香归。

白发悲花落，青云羡鸟飞。

圣朝无阙事，自觉谏书稀。

教学释义： 你我是联步朝廷丹陛的友好同僚，却被那中书、门下两省分作西东。早晨，随着宫中的仪仗同拜君王，罢朝后又把御炉的香气带回府中。你我已经华发如落花一样的无用，却羡慕人家如鸟飞青云官高爵荣。说圣朝无阙事，那尽是虚言隐讳，我劝你少谏诤，求个晚年安宁。

登总持阁

【唐】岑参

高阁逼诸天，登临近日边。

晴开万井树，愁看五陵烟。

槛外低秦岭，窗中小渭川。

早知清净理，常愿奉金仙。

教学释义： 高高的楼阁直逼云天，登上楼阁好像靠近天边。晴天俯视，万井之树尽收眼底，五陵烟雾迷茫动人愁思。倚着栏杆看秦岭低矮，站在窗边看渭水细小。早知佛教清净之理，就应该经常侍奉佛像。

登兖州城楼

【唐】杜甫

东郡趋庭日，南楼纵目初。

浮云连海岱，平野入青徐。

孤嶂秦碑在，荒城鲁殿余。

从来多古意，临眺独踌躇。

教学释义： 来到兖州看望父亲的日子里，初次登上城楼放眼远眺。飘浮的白云连接着东海和泰山，一马平川的原野直入青州和徐州。秦始皇的石碑像一座高高的山峰屹立，而鲁恭王修建的灵光殿只剩下一片荒芜的城池。我从来就有怀古伤感之情，在城楼上远眺，独自徘徊感慨。

送杜少府之任蜀州

【唐】王勃

城阙辅三秦，风烟望五津。

与君离别意，同是宦游人。

海内存知己，天涯若比邻。

无为在歧路，儿女共沾巾。

教学释义： 三秦之地护着巍巍长安，透过那风云烟雾遥望着蜀川。和你离别心中怀着无限情意，因为我们同是在宦海中浮沉。四海之内有知心朋友，即使远在天边也如近在比邻。千万不要在岔路口上分手之时，像小儿女那样悲伤得泪湿佩巾。

送崔融

【唐】杜审言

君王行出将，书记远从征。

祖帐连河阙，军麾动洛城。

旌旃朝朔气，笳吹夜边声。

坐觉烟尘扫，秋风古北平。

教学释义：君王将派遣大将出师远征，你作为书记官也要奉命随行。饯别的酒宴规模十分盛大，雄壮的军威轰动整个洛城。军旗在早晨的寒气中飘扬，胡笳在夜晚的边境上传鸣。你稳坐中军筹划灭敌计谋，北方的边境秋天就能平定。

扈从登封途中作

【唐】宋之问

帐殿郁崔嵬，仙游实壮哉。

晓云连幕卷，夜火杂星回。

谷暗千旗出，山鸣万乘来。

扈从良可赋，终乏揽天才。

教学释义：如宫殿般的帐幕聚集在高大的嵩山上，皇帝游山的场面实在壮观。清晨云雾连同帐幕涌动卷起，夜间灯火夹杂星光缭绕回旋。幽暗的山谷千旗出动，天子车驾到来，山中响起高呼万岁的声音。我随同出游确实值得写诗歌颂，但终究还是缺乏光彩耀天的才华。

题大禹寺义公禅房

【唐】孟浩然

义公习禅寂，结宇依空林。

户外一峰秀，阶前众壑深。

夕阳连雨足，空翠落庭阴。

看取莲花净，方知不染心。

教学释义：义公在寺中参禅修静，禅房就依傍在空寂的山林。窗外只见一座孤峰峭拔耸立，台阶前道道山谷纵横幽深。雨刚停夕阳便散发出光彩，庭院里到处都是青翠的绿荫。看莲花出污泥却依然洁净，才知道义公一尘不染的心境。

醉后赠张九旭

【唐】高适

世上谩相识，此翁殊不然。

兴来书自圣，醉后语尤颠。

白发老闲事，青云在目前。

床头一壶酒，能更几回眠？

教学释义：世上的人都喜欢广结好友，而这位老人不是这样的。他兴致好时写的字浑然天成，醉酒之后的语言豪放癫狂。满头白发却恬然自乐不问他事，眼里只有天上自由飘浮的云。床头放着一壶酒，人生能有几回醉？

玉台观

【唐】杜甫

浩劫因王造，平台访古游。

彩云萧史驻，文字鲁恭留。

宫阙通群帝，乾坤到十洲。

人传有笙鹤，时过北山头。

教学释义：玉台观是滕王建造的，（我）参观玉台观寻访古人的遗迹。壁画上画着萧史站在云端，石碑上刻着滕王序文。玉台观雄伟高耸直通天帝诸神，殿宇壁画画的是十洲仙界的仙灵。人们传说听到笙鸣鹤叫，是晋人王子乔乘鹤飞过北山头。

观李固请司马弟山水图三首·其二

【唐】杜甫

方丈浑连水，天台总映云。

人间长见画，老去恨空闻。

范蠡舟偏小，王乔鹤不群。

此生随万物，何路出尘氛。

教学释义： 方丈山与大海连成一片，天台山在烟云中若隐若现。（我）常在画卷中看到如此美丽景色，（却）因为年纪大而不能身临其境。范蠡驾游太湖的船太小（不能载我同游），王乔也没有一群仙鹤（不能度我飞升）。我这一生只能随波逐流，怎样才能摆脱这世俗之气？

旅夜书怀

【唐】杜甫

细草微风岸，危樯独夜舟。

星垂平野阔，月涌大江流。

名岂文章著，官因老病休。

飘飘何所似，天地一沙鸥。

教学释义： 微风吹拂着江岸的细草，立着樯杆的小船在夜里独自停泊着。星星低垂在广阔的天际，月亮倒映在江面上随波涌动。名气或许因文章而显著，官位应在年老体弱时舍去。到处漂泊是为了什么？如天地间一只孤独的沙鸥。

登岳阳楼

【唐】杜甫

昔闻洞庭水，今上岳阳楼。

吴楚东南坼，乾坤日夜浮。

亲朋无一字，老病有孤舟。

戎马关山北，凭轩涕泗流。

教学释义：（我）早就听说洞庭湖的盛名，今天终于登上了岳阳楼。雄壮的大湖将吴楚分割成两域，日月星辰和大地昼夜都浮于其上。亲朋好友音信全无，年老多病的我乘坐孤舟四处漂流。北方边关战事又起，倚窗远望已是泪流满面。

江南旅情

【唐】祖咏

楚山不可极，归路但萧条。

海色晴看雨，江声夜听潮。

剑留南斗近，书寄北风遥。

为报空潭橘，无媒寄洛桥。

教学释义：楚地的山脉连绵不绝，回故乡的路崎岖萧条。白天看海上晴天的雨景，夜晚听波涛澎湃的潮声。我远离家乡羁留于南斗之下，就连大雁也不能到达这里吧。吴潭的美橘熟了，想寄一些回家，可惜无人把它带到洛阳。

宿龙兴寺

【唐】綦毋潜

香刹夜忘归，松青古殿扉。

灯明方丈室，珠系比丘衣。

白日传心静，青莲喻法微。

天花落不尽，处处鸟衔飞。

教学释义：（我）造访龙兴寺，夜深忘了归去；青青古松树掩映佛殿的大门。方丈室里宽敞干净，灯火通亮；和尚披衣系着佛珠，吟诵诗文。心地像阳光明亮，纯洁透明；佛法如莲花圣洁，微妙清静。天女撒下的花朵飘落佛前，衔花翻飞的鸟儿离云无声。

破山寺后禅院

【唐】常建

清晨入古寺，初日照高林。

曲径通幽处，禅房花木深。

山光悦鸟性，潭影空人心。

万籁此俱寂，惟闻钟磬音。

教学释义：清晨进入古老寺院，初升的太阳照在山林上。弯曲的小路通向幽深处，禅房掩映在花木中。山光明媚使飞鸟更欢悦，清澈的潭水令人俗念全消。此刻万物静寂，只有敲钟击磬的声音。

题松汀驿

【唐】张祜

山色远含空，苍茫泽国东。

海明先见日，江白迥闻风。

鸟道高原去，人烟小径通。

那知旧遗逸，不在五湖中。

教学释义：无边的山色，连接着遥远的天空，东南的泽国，在苍茫的烟波之中。多么明亮的海水，托出一轮红日，明镜般的江水，风掀银浪起涛声。山路险峻啊，只有飞鸟才能通过，人烟稀疏啊，连接着弯曲的小路。隐居的旧友哟，你在泽国的何处？我跑遍了五湖，未寻到你的行踪。

圣果寺

【唐】释处默

路自中峰上，盘回出薜萝。

到江吴地尽，隔岸越山多。

古木丛青霭，遥天浸白波。

下方城郭近，钟磬杂笙歌。

教学释义：去往圣果寺的路从凤凰山主峰而上，盘旋曲折长满薜萝藤蔓。山延伸到吴地的尽头，隔岸遥望越地群山连绵。圣果寺古木参天、郁郁葱葱，钱塘江水与天边相连。俯瞰下方，杭州城近在眼前，寺庙的钟磬声和湖上的乐声交织在一起。

野　望

【唐】王绩

东皋薄暮望，徙倚欲何依。
树树皆秋色，山山唯落晖。
牧人驱犊返，猎马带禽归。
相顾无相识，长歌怀采薇。

教学释义：（我）黄昏伫立在东皋村头怅望，彷徨徘徊没有了主张。树都凋谢枯黄，山峰都染上落日的余晖。放牛娃骑着牛回家，猎人带着猎物骑马归来。我与他们并不相识，只能长歌"采薇采薇"的诗句。

送别崔著作东征

【唐】陈子昂

金天方肃杀，白露始专征。
王师非乐战，之子慎佳兵。
海气侵南部，边风扫北平。
莫卖卢龙塞，归邀麟阁名。

教学释义：金秋季节萧瑟寒风初起，白露时分开始发兵征讨。朝廷军队并非爱好战争，你们用兵时要慎重行事。征伐定如海气席卷南国，边风扫荡北地所向披靡。要学习田畴不居功自傲，更不必希求扬名麒麟阁。

陪诸贵公子丈八沟携妓纳凉，晚际遇雨二首（其一）

【唐】杜甫

落日放船好，轻风生浪迟。

竹深留客处，荷净纳凉时。

公子调冰水，佳人雪藕丝。

片云头上黑，应是雨催诗。

教学释义： 太阳下山正是放船乘凉的好时候，清风吹拂水面泛起微波。竹林深处是留客的好地方，荷叶青青正好歇凉。公子们调制清凉之水，歌妓们除掉嫩藕的白丝。天上乌云密布，雨也在催人作一首诗么？

陪诸贵公子丈八沟携妓纳凉，晚际遇雨二首（其二）

【唐】杜甫

雨来沾席上，风急打船头。

越女红裙湿，燕姬翠黛愁。

缆侵堤柳系，幔卷浪花浮。

归路翻萧飒，陂塘五月秋。

教学释义： 雨水打湿了座席，风急浪大拍击船头。歌妓们的红裙子湿透，这使她们愁容满面。风雨使船上的帐幔翻卷，快把缆绳系在柳树上。回来的路上有如秋风萧瑟，陂塘的五月犹如秋天。

宿云门寺阁

【唐】孙逖

香阁东山下，烟花象外幽。

悬灯千嶂夕，卷幔五湖秋。

画壁余鸿雁，纱窗宿斗牛。

更疑天路近，梦与白云游。

教学释义： 云门寺坐落在东山脚下，山花在暮色中格外清幽。悬灯见夕阳中千峰矗立，卷起帘幔想五湖的清秋。古老壁画上只剩鸿雁在，纱窗上点缀着星宿斗牛。（我）怀疑地势高峻天路已近，在梦中和白云一起遨游。

秋登宣城谢朓北楼

【唐】李白

江城如画里，山晚望晴空。

两水夹明镜，双桥落彩虹。

人烟寒橘柚，秋色老梧桐。

谁念北楼上，临风怀谢公。

教学释义：宣城优美的风景如诗如画，傍晚时分站在山上观赏晴空晚景。宛溪和句溪的水清澈明亮，凤凰桥和济川桥的倒影合成圆形，像跨过溪水的彩虹。袅袅炊烟飘入橘柚林，梧桐树叶子纷飞落地，平添了一份秋意。谁会想到在这北楼上，还有人面对秋风怀念诗人谢朓呢。

临洞庭

【唐】孟浩然

八月湖水平，涵虚混太清。

气蒸云梦泽，波撼岳阳城。

欲济无舟楫，端居耻圣明。

坐观垂钓者，徒有羡鱼情。

教学释义：秋水涨到几乎与岸齐平，水天相连浑然一体。云梦大泽水气蒸腾白茫茫一片，波涛汹涌似乎把岳阳城撼动。（我）想渡水却苦于找不到船与桨，圣明时代闲居委实羞愧难容，只能坐着看别人辛勤垂钓，羡慕被钓上来的鱼。

过香积寺

【唐】王维

不知香积寺，数里入云峰。

古木无人径，深山何处钟？

泉声咽危石，日色冷青松。

薄暮空潭曲，安禅制毒龙。

教学释义：不知香积寺在此山中，行了数里身入云峰。无人的石径旁丛生古树，深山里是何处响起钟声？流泉声咽，穿过峭立的崖石；日光清冷，照着浓荫的青松。暮色降临空潭侧畔，入定的禅心制服了邪念妄想。

送郑侍御谪闽中

【唐】高适

谪去君无恨，闽中我旧过。

大都秋雁少，只是夜猿多。

东路云山合，南天瘴疠和。

自当逢雨露，行矣慎风波。

教学释义：你远谪荒瘴，不应该怨恨萦心，朋友，我曾经是去过闽中之人。到闽中大概很少见到远旅雁阵；深夜，听到的都是哀伤的猿啼。闽东的山路，到处是云昏岭峻，闽南住久了，瘴疠也不必心悸。朋友，你一定逢赦，恩沾雨露，珍重啊，风波之险，路上当心！

秦州杂诗

【唐】杜甫

凤林戈未息，鱼海路常难。

候火云峰峻，悬军幕井乾。

风连西极动，月过北庭寒。

故老思飞将，何时议筑坛。

教学释义：凤林一带干戈未息，通向鱼海的道路总是艰难。云峰之上常有烽火报警，孤军深入难免幕井枯干。狂风摇撼着西域，寒月映照着北庭。老夫思念李广那样的勇将，朝廷何时才能考虑拜将筑坛？

禹　庙

【唐】杜甫

禹庙空山里，秋风落日斜。

荒庭垂橘柚，古屋画龙蛇。

云气生虚壁，江声走白沙。

早知乘四载，疏凿控三巴。

教学释义：大禹庙坐落于空寂的山谷中，秋风萧瑟夕阳斜照。荒芜的庭院里满树的橘子和柚子，古屋的墙壁上画着龙与蛇。石壁上云雾缭绕、波涛阵阵，江水向东奔流。早就听说大禹是乘着四种交通工具治理水患的，开凿石壁、疏通水道，使长江之水顺河流入大海。

望秦川

【唐】李颀

秦川朝望迥，日出正东峰。

远近山河净，逶迤城阙重。

秋声万户竹，寒色五陵松。

客有归欤叹，凄其霜露浓。

教学释义：清晨出发，到太阳从东峰冉冉升起时回头东望，离秦川已经很远了。天气晴朗，山水清明洁净，能清楚地看见；长安城蜿蜒曲折、重重叠叠、宏伟壮丽。秋风吹得家家户户的竹林飒飒作响，王陵一带的松林蒙上一层寒冷的色彩。我有归去的感叹，这里霜寒露冷，还是回去吧。

同王征君洞庭有怀

【唐】张谓

八月洞庭秋，潇湘水北流。

还家万里梦，为客五更愁。

不用开书帙，偏宜上酒楼。

故人京洛满，何日复同游。

教学释义：八月的洞庭湖已经进入秋天，潇水和湘水缓缓向北流去。不能回家的游客只能做返家梦，五更梦醒更加寂寞忧愁。不用打开书套，只需登上酒楼。我的朋友都在长安和洛阳，什么时候才能和他们一起畅游？

渡扬子江

【唐】丁仙芝

桂楫中流望，空波两岸明。

林开扬子驿，山出润州城。

海尽边阴静，江寒朔吹生。

更闻枫叶下，淅沥度秋声。

教学释义：船行到江心的时候抬头远望，只见两岸的景色清晰地映照在辽阔的水面上。扬子驿盖在树林的开阔处，而对面的润州城则矗立在群山中。海的尽头岸边上阴暗幽静，江面上来自北方的秋风吹起了阵阵寒意。枫叶掉落的淅沥声，带来了秋天的讯息。

幽州夜饮

【唐】张说

凉风吹夜雨，萧瑟动寒林。

正有高堂宴，能忘迟暮心。

军中宜剑舞，塞上重笳音。

不作边城将，谁知恩遇深。

教学释义：晚上凉风吹起细雨，使得寒气袭来、树林萧瑟。军中正在举行高堂宴会，这怎能使我忘了自己的迟暮之心？军中的娱乐是剑舞，边塞的音乐是胡笳演奏。如果我不做这边城的将领，怎么知道皇上对我的恩典。

七 绝

春日偶成

【宋】程颢

云淡风轻近午天，傍花随柳过前川。

时人不识余心乐，将谓偷闲学少年。

教学释义：时近春日中午，天上飘着淡淡的云，傍着花，随着柳，我向河岸漫步。春游愉悦的心情呀，人们并不了解，还以为我在学少年模样趁着大好时光忙里偷闲呢。

春 日

【宋】朱熹

胜日寻芳泗水滨，无边光景一时新。

等闲识得东风面，万紫千红总是春。

教学释义：风和日丽游春在泗水之滨，无边无际的风光焕然一新。谁都可以看出春天的面貌，春风吹得百花开放、万紫千红，到处都是春天的景致。

春 宵

【宋】苏轼

春宵一刻值千金，花有清香月有阴。

歌管楼台声细细，秋千院落夜沉沉。

教学释义：春天时光是十分珍贵的，花儿散发清香、月光投射光影。楼台深处，富贵人家那轻轻的歌声和管乐声还不时地弥散于醉人的夜色中；夜已深，挂着秋千的庭院已是一片寂静。

城东早春

【唐】杨巨源

诗家清景在新春，绿柳才黄半未匀。

若待上林花似锦，出门俱是看花人。

教学释义：为诗人喜爱的清新景色，正在这早春季节；柳树枝头刚露出几颗嫩黄的芽儿。若要等到长安城中花开似锦之际，满城都是赏花郊游之人。

春 夜

【宋】王安石

金炉香尽漏声残，剪剪轻风阵阵寒。

春色恼人眠不得，月移花影上栏杆。

教学释义：夜已经深了，香炉里的香早已燃尽，漏壶里的水也将漏完。夜风轻柔却也带着点点寒意。夜晚的春色美得令人难以入睡，只见花影随着月亮的移动，悄悄地爬上了栏杆。

初春小雨

【唐】韩愈

天街小雨润如酥，草色遥看近却无。

最是一年春好处，绝胜烟柳满皇都。

教学释义：京城街上下的雨就像乳汁般细密而滋润，小草钻出地面，远看草色连成一片，近看却显得稀疏零星。一年之中最美的就是这早春的景色，它远胜过了绿杨满城的暮春。

元　日

【宋】王安石

爆竹声中一岁除，春风送暖入屠苏。

千门万户曈曈日，总把新桃换旧符。

教学释义： 爆竹声中预示旧的一年已经过去，人们在和暖的春风中开怀畅饮屠苏酒。初升的太阳照耀着千家万户，家家都把旧的桃符取下换上了新的桃符。

上元侍宴

【宋】苏轼

淡月疏星绕建章，仙风吹下御炉香。

侍臣鹄立通明殿，一朵红云捧玉皇。

教学释义： 月光淡星儿稀围绕着建章宫阙，御炉里的香灰被仙风悄悄吹落。通明殿臣子们鹄鸟般伸颈肃立，此刻捧着天帝的是一簇红色云朵。

立春偶成

【宋】张栻

律回岁晚冰霜少，春到人间草木知。

便觉眼前生意满，东风吹水绿参差。

教学释义： 年终时候春回大地，冰霜渐渐减少，春天到来草木最先知晓。只觉得眼前已是一片生机盎然，东风吹来水面绿波荡摇。

打球图

【宋】晁说之

阊阖千门万户开，三郎沈醉打球回。

九龄已老韩休死，无复明朝谏疏来。

教学释义： 皇宫大门次第开启，醉酒的唐玄宗踢球归来。张九龄老了，韩修也已不在人世，以后再也没有敢进谏的人了。

宫词一百首·其九十一

【唐】王建

金殿当头紫阁重，仙人掌上玉芙蓉。

太平天子朝元日，五色云车驾六龙。

教学释义：金銮殿庄严巍峨，朝元阁重重叠叠，仙人手捧芙蓉玉盘接露，准备皇帝的早饮。太平天子朝元的那天，御车雕饰精细，色彩斑斓，六匹骏马，高大雄壮，气宇轩昂。

宫　词

【宋】林洪

殿上衮衣明日月，砚中旗影动龙蛇。

纵横礼乐三千字，独对丹墀日未斜。

教学释义：坐在殿堂上进行殿试的皇帝，如同日月一样光辉灿烂，砚中旌旗的影子似龙蛇般在蠕动。应试的人对答如流，洋洋洒洒几千言，一挥而就，奔放自如，所有的考对都结束了，殿前台阶上的太阳还没有西斜呢。

咏华清宫

【宋】杜常

行尽江南数十程，晓风残月入华清。

朝元阁上西风急，都入长杨作雨声。

教学释义：（我）结束了江南的漫长旅程，在将要天亮的时候，来到了华清宫。这时候，朝元阁上刮起了西风，大风卷着雨滴落入了长杨宫中，远远地可以听到凄清的雨声。

清平调词

【唐】李白

云想衣裳花想容，春风拂槛露华浓。

若非群玉山头见，会向瑶台月下逢。

教学释义：云霞是她的衣裳，花儿是她的颜容；春风吹拂栏杆，露珠润泽花色更浓。如此天姿国色，若不见于群玉山头，那一定只有在瑶台月下，才能相逢！

题邸间壁

【宋】郑会

酴醾香梦怯春寒，翠掩重门燕子闲。

敲断玉钗红烛冷，计程应说到常山。

教学释义：初春的深夜，酴醾的芬芳飘入梦中，醒来只见翠绿花木掩映着一道道院门，燕子也歇息了。敲断了玉制的头钗，烛光暗淡房中冷清，（你）计算着出门人的行程，按说该到常山了。

绝 句

【唐】杜甫

两个黄鹂鸣翠柳，一行白鹭上青天。

窗含西岭千秋雪，门泊东吴万里船。

教学释义：两只黄鹂在翠绿的柳树间鸣叫，一行白鹭直冲向蔚蓝的天空。坐在窗前可以看见西岭千年不化的积雪，门前停泊着自万里外的东吴远行而来的船只。

海 棠

【宋】苏轼

东风袅袅泛崇光，香雾空蒙月转廊。

只恐夜深花睡去，故烧高烛照红妆。

教学释义：东风袅袅吹动云彩露出月亮，花香融在雾里，而月亮已经移过了院中的回廊。只怕夜深时分花儿睡去，特意点燃蜡烛来照亮海棠的美丽姿容。

清 明

【宋】王禹偁

无花无酒过清明，兴味萧然似野僧。

昨日邻家乞新火，晓窗分与读书灯。

教学释义：无花无酒地度过清明节，那萧索的兴致犹如居于山野庙宇的和尚一样。昨天（我）从邻家讨来新燃的火种，破晓时就在窗前点灯，坐下来潜心读书。

清 明

【唐】杜牧

清明时节雨纷纷，路上行人欲断魂。

借问酒家何处有，牧童遥指杏花村。

教学释义：清明时节细雨纷纷，路上的行人个个失魂落魄。问当何处可以买酒浇愁？牧童笑着遥指杏花村。

社 日

【唐】王驾

鹅湖山下稻粱肥，豚栅鸡栖对掩扉。

桑柘影斜春社散，家家扶得醉人归。

教学释义：鹅湖山下，庄稼长势喜人，家家户户猪满圈鸡成群。天色已晚，桑树和柘树的影子也越来越长，春社的欢宴刚刚散去，喝醉的人在家人的搀扶下高兴地回家。

寒 食

【唐】韩翃

春城无处不飞花，寒食东风御柳斜。

日暮汉宫传蜡烛，轻烟散入五侯家。

教学释义：暮春时节，长安城处处柳絮飞舞；寒食节，东风吹拂着御花园的柳枝。夜色降临，宫里忙着传蜡烛，袅袅炊烟散入王侯贵戚的家里。

江南春

【唐】杜牧

千里莺啼绿映红，水村山郭酒旗风。

南朝四百八十寺，多少楼台烟雨中。

教学释义：江南大地，鸟儿啼鸣花草相映，水村山城到处酒旗飘动。南朝遗留的四百八十多座古寺，无数的楼台全笼罩在烟雨中。

上高侍郎

【唐】高蟾

天上碧桃和露种，日边红杏倚云栽。

芙蓉生在秋江上，不向东风怨未开。

教学释义：天上的碧桃是和着甘露种植的，日边的红杏依傍着彩云栽下。她们都在春天开放，唯有芙蓉在秋天的江畔傲霜怒放，从不抱怨东风不让她及时开放。

绝 句

【宋】志南

古木阴中系短篷，杖藜扶我过桥东。

沾衣欲湿杏花雨，吹面不寒杨柳风。

教学释义：在参天古树的浓荫下系了船，拄着杖走过桥向东而去。三月的细雨像故意沾湿我的衣裳似的下个不停，春风轻拂人面让人陶醉。

游园不值

【宋】叶绍翁

应怜屐齿印苍苔，小扣柴扉久不开。

春色满园关不住，一枝红杏出墙来。

教学释义：趁春日天气晴好，外出会友。也许是园主人爱惜苍苔怕我们踏上鞋印吧，轻轻地敲打柴门久久不开。但这也没关系，花园里的春色是关不住的。那露出墙外的一枝红杏已经泄露了盎然的春色。

客中行

【唐】李白

兰陵美酒郁金香，玉碗盛来琥珀光。

但使主人能醉客，不知何处是他乡。

教学释义：兰陵的美酒散发郁金的香气，盛满玉碗晶莹透彻。只要主人同我一道畅饮，谁还管这里是家乡还是异乡？

题 屏

【宋】刘季孙

呢喃燕子语梁间，底事来惊梦里闲。

说与旁人浑不解，杖藜携酒看芝山。

教学释义：梁间传出燕子的啼声，呢呢喃喃，它们在说什么？竟将我的闲梦惊醒了。别人如果知道我希望明白燕子的话语，那一定会惹人奇怪。于是一个人拄上拐杖，带一壶美酒，登芝山去吧。

漫 兴

【唐】杜 甫

肠断春江欲尽头，杖藜徐步立芳洲。

癫狂柳絮随风舞，轻薄桃花逐水流。

教学释义：美不胜收的春景将尽，（我）拄着拐杖漫步江边。只见柳絮随风飘舞，还有桃花追逐着春江水欢快地流向远方。

庆全庵桃花

【宋】谢枋得

寻得桃源好避秦，桃红又是一年春。

花飞莫遣随流水，怕有渔郎来问津。

教学释义：寻一处世外仙境躲避像秦朝那样的暴政，看到桃花才知道又到了春天。花瓣千万不要跟着流水漂去，怕渔郎看见了会找到这里。

玄都观桃花

【唐】刘禹锡

紫陌红尘拂面来，无人不道看花回。

玄都观里桃千树，尽是刘郎去后栽。

教学释义：京城的大街上风尘仆仆的人，个个都说是看花归来。大家观赏的玄都观千株桃树，都是我贬官离开长安后栽种的。

再游玄都观

【唐】刘禹锡

百亩庭中半是苔，桃花净尽菜花开。

种桃道士归何处，前度刘郎今又来。

教学释义：玄都观偌大庭院中有一半长满了青苔，原盛开的桃花已经荡然无存，只有菜花在开放。先前那些辛勤种桃的道士如今哪里去了呢？前次因看题诗而被贬出长安的我又回来了！

滁州西涧

【唐】韦应物

独怜幽草涧边生，上有黄鹂深树鸣。

春潮带雨晚来急，野渡无人舟自横。

教学释义：（我）独自喜爱幽幽的草儿在涧畔生长，黄莺儿在上头树叶深处溜溜地歌唱。到了晚上，春潮携着疏雨急匆匆地走来，郊外渡口无人只有斜着的舟儿晃荡。

花 影

【宋】苏轼

重重叠叠上瑶台，几度呼童扫不开。

刚被太阳收拾去，却教明月送将来。

教学释义：平台上的花影重重叠叠，童儿打扫几次都扫不走花影。傍晚时分花影隐退，可月亮又升起来了，花影又重重叠叠地出现了。

北 山

【宋】王安石

北山输绿涨横陂，直堑回塘滟滟时。

细数落花因坐久，缓寻芳草得归迟。

教学释义：钟山上的草木蔓延到池塘边，水沟和池塘的水都波光粼粼。我坐在这仔细查点花瓣、寻觅芳草，回家的时候已经很晚了。

湖 上

【宋】徐元杰

花开红树乱莺啼，草长平湖白鹭飞。

风日晴和人意好，夕阳箫鼓几船归。

教学释义：黄莺儿啼鸣红花开满树，西湖岸边长满了青草，成群的白鹭在湖面上翻飞。风和日丽时人的心情也变得很好，夕阳里乘船的游客吹箫击鼓兴尽而归。

漫　兴

【唐】杜　甫

糁径杨花铺白毡，点溪荷叶叠青钱。

笋根雉子无人见，沙上凫雏傍母眠。

教学释义：飘落在小路上的杨花碎片就像铺开的白毡子，点缀在溪上的嫩荷像青铜钱似的一个叠着一个。一只只幼小的山鸡隐伏在竹笋根旁，没有人能看见。河岸的沙滩上，刚出生的小野鸭依偎在母亲身旁，安然入睡。

春　晴

【唐】王　驾

雨前初见花间蕊，雨后兼无叶底花。

蜂蝶纷纷过墙去，却疑春色在邻家。

教学释义：雨前，春天刚刚降临，花才开放露出花蕊；而雨后，花已凋谢只剩下满树绿叶了。看着蜜蜂和蝴蝶飞到墙外去，我不禁怀疑春色是否在邻家院子里。

春　暮

【宋】曹　豳

门外无人问落花，绿阴冉冉遍天涯。

林莺啼到无声处，青草池塘独听蛙。

教学释义：暮春时节，已没有人过问路上的落花，只见浓郁的树荫，无边无际，遍及天涯。林间的黄莺早已不再啼叫了，（我）只能独自一人迈向长满青草的池塘畔，去倾听青蛙的叫声。

落 花

【宋】朱淑贞

连理枝头花正开，妒花风雨便相催。

愿教青帝常为主，莫遣纷纷点翠苔。

教学释义：连理枝头上的花竞相开放着，大概是嫉妒花的美艳，风雨便争相催它们凋落。我真想让掌管春天的神长久做主，不让娇嫩可爱的鲜花落到碧绿的青苔上。

春暮游小园

【宋】王淇

一从梅粉褪残妆，涂抹新红上海棠。

开到荼蘼花事了，丝丝天棘出莓墙。

教学释义：零落的梅花如少女卸去妆容；刚开的海棠似少女涂抹了新红。待荼蘼盛开、花事告终，唯有酸枣树的丝丝叶片却又长出莓墙之上。

莺 梭

【宋】刘克庄

掷柳迁乔太有情，交交时作弄机声。

洛阳三月花如锦，多少工夫织得成。

教学释义：投抛柳林迁乔得太有情，交交莺鸣似操弄机杼声。洛阳三月京城繁花似锦，多少工夫才能编织得成？

暮春即事

【宋】叶采

双双瓦雀行书案，点点杨花入砚池。

闲坐小窗读周易，不知春去几多时。

教学释义：屋顶麻雀的影子在书案上移动，杨花也飘入屋内落到砚池中。我静心坐在窗前认真读着《周易》，竟不知春天过去了多少时间。

登 山

【唐】李涉

终日昏昏醉梦间，忽闻春尽强登山。

因过竹院逢僧话，又得浮生半日闲。

教学释义： 整日昏昏沉沉如梦如醉，听说春光将尽才勉强去登山。路过竹院偶遇山僧谈天说地，又有了半日的悠闲。

蚕妇吟

【宋】谢枋得

子规啼彻四更时，起视蚕稠怕叶稀。

不信楼头杨柳月，玉人歌舞未曾归。

教学释义： 杜鹃鸟于四更时分啼彻窗外，唤醒养蚕妇人起身关照蚕宝宝们，担心着这几天桑叶不够影响了蚕宝宝吐丝结茧。歌舞楼台之声竟远远传来，难道深夜了高楼欢宴的歌女们还没有归来入睡？

晚 春

【唐】韩愈

草木知春不久归，百般红紫斗芳菲。

杨花榆荚无才思，惟解漫天作雪飞。

教学释义： 春天不久就将归去，花草树木想方设法挽留春天，争奇斗艳，人间万紫千红。可怜杨花榆钱没有才华和能力，只知漫天飞舞，好似片片雪花。

伤 春

【宋】杨万里

准拟今春乐事浓，依然枉却一东风。

年年不带看花眼，不是愁中即病中。

教学释义：（我）预料到今年春天乐事会很多，没想到又辜负了这春天的美景。年年都不能去观赏那繁花，不是在病中就是在愁中。

送 春

【宋】王令

三月残花落更开，小檐日日燕飞来。

子规夜半犹啼血，不信东风唤不回。

教学释义：暮春三月花败又花开，矮矮屋檐下燕子飞走又回来。只那眷恋春光的杜鹃鸟仍在夜半悲啼，不相信春风唤不回。

三月晦日送春

【唐】贾岛

三月正当三十日，风光别我苦吟身。

共君今夜不须睡，未到晓钟犹是春。

教学释义：今天正是三月三十日，是三月的最后一天，春天美丽的风光就要离开我这位苦吟诗人了。我和你今夜不用睡觉了，在晨钟响动之前，总算还是春天。

客中初夏

【宋】司马光

四月清和雨乍晴，南山当户转分明。

更无柳絮因风起，惟有葵花向日倾。

教学释义：四月的天气清明和暖，雨后山色更加青翠怡人，对面的南山也更加明净了。没有风，也没有柳絮的纷扰，只有葵花迎着太阳开放。

有　约

【宋】赵师秀

黄梅时节家家雨，青草池塘处处蛙。

有约不来过夜半，闲敲棋子落灯花。

教学释义：梅子黄了的时候雨也频繁了，池塘传来阵阵蛙声。约好的客人过了午夜还没到，（我）无聊地轻敲棋子，震落了灯花。

初夏睡起

【宋】杨万里

梅子流酸溅齿牙，芭蕉分绿上窗纱。

日长睡起无情思，闲看儿童捉柳花。

教学释义：酸梅的余酸还残留在牙齿之间，芭蕉的绿荫映衬到纱窗上。白昼渐长，午睡后闲着无事看儿童捉飘飞的柳絮。

三衢道中

【宋】曾几

梅子黄时日日晴，小溪泛尽却山行。

绿阴不减来时路，添得黄鹂四五声。

教学释义：梅子成熟时每天都是晴朗的好天气，乘坐小船走到小溪的尽头，再走上山间小路。山路上的风景也毫不逊色，黄鹂的欢鸣更增添了几分幽趣。

即　景

【宋】朱淑贞

竹摇清影罩幽窗，两两时禽噪夕阳。

谢却海棠飞尽絮，困人天气日初长。

教学释义：竹子的影子罩窗上，成双成对的鸟儿在夕阳下尽情地鸣叫。在这海棠花凋谢、柳絮纷飞的时节，白昼变得漫长，炎热的天气也使人感到困乏。

初夏游张园

【宋】戴复古

乳鸭池塘水浅深，熟梅天气半晴阴。

东园载酒西园醉，摘尽枇杷一树金。

教学释义：小鸭在池塘中嬉戏，梅子成熟了，天气是半晴半阴的。在这宜人的天气里，（我）邀约好友相聚，游了东园又游西园。园子里的枇杷树硕果累累，正好摘下来供酒后品尝。

鄂州南楼书事

【宋】黄庭坚

四顾山光接水光，凭栏十里芰荷香。

清风明月无人管，并作南来一味凉。

教学释义：站在南楼上向四周望去，山光水色相连，微风送来菱角、荷花的阵阵香气。清风明月、自由自在，南风吹来使人感到凉爽和惬意。

山亭夏日

【唐】高骈

绿树阴浓夏日长，楼台倒影入池塘。

水晶帘动微风起，满架蔷薇一院香。

教学释义：绿树葱郁夏日漫长，楼台的倒影映入了池塘。水晶帘在微风中轻轻摇动，满架蔷薇葱得一院芳香。

四时田园杂兴

【宋】范成大

昼出耘田夜绩麻，村庄儿女各当家。

童孙未解供耕织，也傍桑阴学种瓜。

教学释义：白天出去耕田，到了夜晚回来搓麻绳，男的女的都各自挑起家庭的重担。儿童虽不知道耕耘与纺织，却也在在桑树下学种瓜。

乡村四月

【宋】翁卷

绿遍山原白满川，子规声里雨如烟。

乡村四月闲人少，才了蚕桑又插田。

教学释义：山林原野间草木茂盛，远远望去一片葱郁；水色与天光交相辉映，满目亮白。杜鹃声声啼叫，天空中烟雨蒙蒙，大地一片欣欣向荣。四月，农民开始忙起来，村里没有一个闲人，他们刚刚结束了种桑养蚕，又开始忙碌插秧。

题榴花

【唐】韩愈

五月榴花照眼明，枝间时见子初成。

可怜此地无车马，颠倒青苔落绛英。

教学释义：五月如火的榴花映入眼帘，格外鲜明，枝叶间可以看到初结的小果。只可惜此地没有人乘车马来欣赏，艳艳的榴花只好在窗台上散落芬芳。

村　晚

【宋】雷震

草满池塘水满陂，山衔落日浸寒漪。

牧童归去横牛背，短笛无腔信口吹。

教学释义：在一个长满青草的池塘里，池水灌得满满的，山衔住落日淹没了水波。放牛的孩子横坐在牛背上，随意地用短笛吹奏着不成调的乐曲。

书湖阴先生壁

【宋】王安石

茅檐长扫净无苔，花木成蹊手自栽。

一水护田将绿绕，两山排闼送青来。

教学释义：茅草房庭院因经常打扫，所以洁净得没有一丝青苔。花草树木成行满畦，都是主人亲手栽种。庭院外一条小河保护着农田，把绿色的田地环绕。两座青山像推开的两扇门送来一片翠绿。

乌衣巷

【唐】刘禹锡

朱雀桥边野草花，乌衣巷口夕阳斜。

旧时王谢堂前燕，飞入寻常百姓家。

教学释义：朱雀桥边长满了野草和花朵，日落时分乌衣巷内一片幽暗。曾经在王导、谢安屋檐下筑巢的燕子，如今已飞进寻常百姓家中。

送元二使安西

【唐】王维

渭城朝雨浥轻尘，客舍青青柳色新。

劝君更尽一杯酒，西出阳关无故人。

教学释义：早晨的细雨打湿了渭城的沙尘，青砖绿瓦的旅店和周围的柳树都显得格外青翠欲滴与明朗。请您再喝一杯离别的酒吧，只是因为走出了阳关，就再也碰不到知己了。

黄鹤楼闻笛

【唐】李白

一为迁客去长沙，西望长安不见家。

黄鹤楼中吹玉笛，江城五月落梅花。

教学释义：成为贬谪之人到了长沙，望不见长安，也望不见家。黄鹤楼上传来笛声，使这五月的江城又见到飘落的梅花。

题淮南寺

【宋】程颢

南去北来休便休，白苹吹尽楚江秋。

道人不是悲秋客，一任晚山相对愁。

教学释义：从北向南从容自在，秋风吹尽了白苹，眼前是一片悲凉的秋景。我不是因悲凉的秋风而伤感，任凭楚江两岸的山峦发愁。

秋 月

【宋】程颢

清溪流过碧山头，空水澄鲜一色秋。

隔断红尘三十里，白云红叶两悠悠。

教学释义：清澈的溪水从山头悬空一泻，水与天在月色的映照下构成秋景画卷。这简直是与世隔绝的秋色，白云悠闲红叶幽静，多么令人陶醉！

七 夕

【宋】杨朴

未会牵牛意若何，须邀织女弄金梭。

年年乞与人间巧，不道人间巧已多。

教学释义：不明白牛郎到底打的什么主意，非邀天上的仙女来织满天的锦绣云霞。每年人们都要在七月七日晚上向天上的织女祈求赐予刺绣纺织的智巧，但事实上，人间的智巧已经很多了。

立 秋

【宋】刘翰

乳鸦啼散玉屏空，一枕新凉一扇风。

睡起秋声无觅处，满阶梧叶月明中。

教学释义：幼鸦啼叫着飞散了，只有精美的屏风立在那里；秋风吹来，凉爽得就像有人在扇风一样。梦中秋风萧萧，醒来无处寻觅，只有满阶的梧桐叶沐浴在月光中。

秋 夕

【唐】杜牧

银烛秋光冷画屏，轻罗小扇扑流萤。

天阶夜色凉如水，卧看牵牛织女星。

教学释义：秋夜，微弱的烛光给画屏增添了几分清冷；一位宫女手执绫罗扇，轻轻扑打飞舞的萤火虫。天阶上的夜色清凉如水，卧在床榻上看见牵牛星正远远眺望着织女星。

中秋月

【宋】苏轼

暮云收尽溢清寒，银汉无声转玉盘。

此生此夜不长好，明月明年何处看。

教学释义：夜空中云雾散尽一片清寒，银河悄然无声地移动着白玉盘。这样美好的夜晚不会常有，明年会在什么地方赏观明月？

江楼有感

【唐】赵嘏

独上江楼思悄然，月光如水水如天。

同来玩月人何在，风景依稀似去年。

教学释义：我独自登上江楼不由得思绪万千，眼前月光皎皎如水流淌，江水澄莹如天。曾经与我一同来此赏景观月的人现在在哪里呀？这儿的风景一如去年，没有变化。

题临安邸

【宋】林升

山外青山楼外楼，西湖歌舞几时休？

暖风熏得游人醉，直把杭州作汴州。

教学释义：山外有山、楼外有楼，西湖游船上这些达官贵人的寻欢作乐，不知何时才能结束？和暖的春风吹得游人醉醺醺的，他们忘乎所以，竟把杭州当成了汴州。

晓出净慈寺送林子方

【宋】杨万里

毕竟西湖六月中，风光不与四时同。

接天莲叶无穷碧，映日荷花别样红。

教学释义：到底是西湖六月天的景色，风光与其他季节不同。碧绿的荷叶连接天边，望不到尽头，阳光下荷花分外艳丽鲜红。

饮湖上初晴后雨

【宋】苏轼

水光潋滟晴方好，山色空蒙雨亦奇。

欲把西湖比西子，淡妆浓抹总相宜。

教学释义：晴天的西湖水波荡漾、光彩熠熠；下雨时，山色时隐时现，也是极美的。如果把西湖比作西施，那么淡妆也好，浓妆也罢，总能很好地烘托出她迷人的神韵。

入　直

【宋】周必大

绿槐夹道集昏鸦，敕使传宣坐赐茶。

归到玉堂清不寐，月钩初上紫薇花。

教学释义：大道两旁绿槐上聚集着向晚的乌鸦，宫内侍臣宣布着皇帝的接见和赐茶。回到翰林院兴奋得不能入睡，如钩的新月初上，照着满院紫薇花。

夏日登车盖亭

【宋】蔡确

纸屏石枕竹方床，手倦抛书午梦长。

睡起莞然成独笑，数声渔笛在沧浪。

教学释义： 纸围屏风石作枕，卧在竹床上多么清凉，久举书卷手已疲累渐入梦乡。醒来后不由得独自发笑，忽听几声清亮的渔笛回旋在水浪上。

直玉堂作

【宋】洪咨夔

禁门深锁寂无哗，浓墨淋漓两相麻。

唱彻五更天未晓，一墀月浸紫薇花。

教学释义： 宫禁之门深深地锁着寂静无哗，拜相令在两页麻纸上淋漓挥洒。红巾卫士唱彻了五更天还没亮，晓月如水浸泡着阶上的紫薇花。

竹 楼

【唐】李嘉祐

傲吏身闲笑五侯，西江取竹起高楼。

南风不用蒲葵扇，纱帽闲眠对水鸥。

教学释义： 不为礼法所屈的官吏悠闲地笑着面对那些皇戚权贵，在西江伐取竹子，建起高高竹楼。南风吹来根本不用摇动蒲扇，头戴"纱帽"与江边的水鸥相对，安闲自在地歇息。

直中书省

【唐】白居易

丝纶阁下文书静，钟鼓楼中刻漏长。

独坐黄昏谁是伴，紫薇花对紫薇郎。

教学释义：在丝纶阁值班，没什么文章可写，周围一片寂静，只听到钟鼓楼上刻漏的滴水声。在这黄昏的寂寞中，谁能与我做伴？只有紫薇花对（我这个）紫薇郎。

观书有感

【宋】朱熹

半亩方塘一鉴开，天光云影共徘徊。

问渠那得清如许？为有源头活水来。

教学释义：半亩池塘像一面镜子，阳光和云影都在镜子中一起移动。如果问方塘的水为何这样清澈？是因为有永不枯竭的源头为它输送活水。

泛 舟

【宋】朱熹

昨夜江边春水生，艨艟巨舰一毛轻。

向来枉费推移力，此日中流自在行。

教学释义：昨晚江水顿时涨起来了，这使得战船在水面上犹如一根羽毛一样轻了。往日多少人花费了巨大的力气也不曾移动巨船，如今却可以轻松地航行在河流当中。

冷泉亭

【宋】林稹

一泓清可沁诗脾，冷暖年来只自知。

流出西湖载歌舞，回头不似在山时。

教学释义：一潭清亮清亮的泉水可润诗人的心脾，知晓冬寒春暖气候变化的，只有自己。从山根流到西湖载着轻歌曼舞的船儿，再流回去，昔日莹洁的本质将会全非。

赠刘景文

【宋】苏轼

荷尽已无擎雨盖，菊残犹有傲霜枝。

一年好景君须记，最是橙黄橘绿时。

教学释义： 荷花凋谢、荷叶枯萎，只有那菊花还在迎着秋霜绽放。一定要记住一年中最好的光景，那就是橙子金黄、橘子青绿的（秋末冬初）时节。

枫桥夜泊

【唐】张继

月落乌啼霜满天，江枫渔火对愁眠。

姑苏城外寒山寺，夜半钟声到客船。

教学释义： 月亮渐渐消隐在天边，鸦群为突然失去的月光惊叫，白色的秋霜顿时布满天空。远远的、江边的枫叶隐映着渔家船上的灯火星星点点。我夜泊在这枫桥之下，满怀愁绪难以成眠，静听那姑苏城外的寒山名刹，将子夜的钟声传送入船。

寒 夜

【宋】杜耒

寒夜客来茶当酒，竹炉汤沸火初红。

寻常一样窗前月，才有梅花便不同。

教学释义： 冬夜有客来访，热茶当美酒，围坐炉前看炉火红、壶水沸腾。月光照在窗前，几枝梅花在月光下静静地开着，更添几分情调。

霜 月

【唐】李商隐

初闻征雁已无蝉，百尺楼台水接天。

青女素娥俱耐冷，月中霜里斗婵娟。

教学释义：听到了南飞的雁叫已听不到蝉鸣，我登上百尺高楼极目远眺，水天连成一片。青女与嫦娥生来就都耐得住清冷，月中霜里看谁有姣好的身姿容颜。

梅

【宋】王淇

不受尘埃半点侵，竹篱茅舍自甘心。

只因误识林和靖，惹得诗人说到今。

教学释义：梅花不受尘埃的侵蚀，甘心生长在竹篱边、茅舍旁。只因认识了酷爱梅花的林和靖，惹得诗人谈笑至今。

早 春

【宋】白玉蟾

南枝才放两三花，雪里吟香弄粉些。

淡淡著烟浓著月，深深笼水浅笼沙。

教学释义：朝阳的梅枝才开了两三朵，恰巧又下了一场雪；我在雪地里闻梅花的清香，赏梅花的颜色。淡淡烟霭溶溶月色笼罩着花朵，梅影或深深地投入溪水，或浅浅地印在沙上。

雪梅（其一）

【宋】卢梅坡

梅雪争春未肯降，骚人阁笔费评章。

梅须逊雪三分白，雪却输梅一段香。

教学释义：梅花和雪花以为占尽了春色，谁也不肯服输，使得诗人难写评判文章。其实，雪花比梅花晶莹洁白，却没有梅花的清香。

雪梅（其二）

【宋】卢梅坡

有梅无雪不精神，有雪无诗俗了人。

日暮诗成天又雪，与梅并作十分春。

教学释义： 只有梅花没有雪花的话，就没有什么精神气质；下雪了却没有诗文相合，也是非常的俗气。冬天傍晚，写好了诗的时候天空又下起了雪，再看梅花雪花争相绽放，那才算是一幅艳丽多姿、生气蓬勃的春图。

答钟弱翁

【唐】吕岩

草铺横野六七里，笛弄晚风三四声。

归来饱饭黄昏后，不脱蓑衣卧月明。

教学释义： 方圆六七里的原野铺满了野草，晚风传来三四声悠扬的笛声。牧牛回来已是黄昏，吃得饱饭，无忧无虑，还没脱下蓑衣就躺在院子里看明月。

泊秦淮

【唐】杜牧

烟笼寒水月笼沙，夜泊秦淮近酒家。

商女不知亡国恨，隔江犹唱后庭花。

教学释义： 烟雾弥漫秋水，月光笼罩白沙，小船夜泊秦淮靠近岸边酒家。歌女为人作乐，她们哪知亡国之恨，还唱着《后庭花》。

归　雁

【唐】钱起

潇湘何事等闲回，水碧沙明两岸苔。

二十五弦弹夜月，不胜清怨却飞来。

教学释义： 大雁你为何从潇湘水飞回来？那里有澄澈的水、明净的沙石和青苔。莫非是湘灵之神在月夜鼓的瑟，曲调太过伤感，不得不让你离开潇湘飞到北方？

题　壁

无名氏

一团茅草乱蓬蓬，蓦地烧天蓦地空。

争似满炉煨榾柮，慢腾腾地暖烘烘。

教学释义： 一团乱蓬蓬的茅草点着后，突然间火光冲天，又顷刻间灰飞烟灭。不如那炉子里煨火的树苑，腾腾烟火温暖了整个屋子。

七　律

早朝大明宫

【唐】贾至

银烛朝天紫陌长，禁城春色晓苍苍。

千条弱柳垂青琐，百啭流莺绕建章。

剑佩声随玉墀步，衣冠身惹御炉香。

共沐恩波凤池上，朝朝染翰侍君王。

教学释义： 银烛朝天光照京郊路长，禁城宫阙春色拂晓苍苍。千条嫩柳枝条垂拂青琐，百啭黄莺鸣叫声绕建章。剑佩声随早朝登阶趋步，衣裳冠带身沾御炉檀香。共受皇恩同职凤凰池上，日日执笔染墨侍候君王。

和贾舍人早朝

【唐】杜甫

五夜漏声催晓箭，九重春色醉仙桃。

旌旗日暖龙蛇动，宫殿风微燕雀高。

朝罢香烟携满袖，诗成珠玉在挥毫。

欲知世掌丝纶美，池上于今有凤毛。

教学释义： 五更的刻漏箭催促着拂晓的到来，皇宫春色盎然，桃花如醉人脸色一般鲜红。绣着龙蛇的旌旗在温暖的太阳下飘扬，宫殿周围微风习习，燕雀高高飞翔。早朝结束后，朝臣双袖携满了御炉的香烟，写出珠玉般美妙诗篇。要想知道世代掌握为皇上起草诏书之人的荣耀，现在只要看中书省的才子贾至就可以了。

和贾舍人早朝

【唐】王维

绛帻鸡人报晓筹，尚衣方进翠云裘。

九天阊阖开宫殿，万国衣冠拜冕旒。

日色才临仙掌动，香烟欲傍衮龙浮。

朝罢须裁五色诏，佩声归到凤池头。

教学释义： 戴着红巾的卫士在宫门报晓，尚衣官员向天子进上绣着翠云的皮袍。层层叠叠的宫殿如九重天门迤逦打开，异邦万国的使臣一齐向着皇帝跪见朝拜。日色刚刚照临到殿堂，仪仗已排列成扇形屏障。御炉中香烟袅袅，缭绕着天子的龙袍浮动飘忽。早朝过后中书省的官员退到凤凰池上，用五色彩纸起草皇上的诏书。

和贾舍人早朝

【唐】岑参

鸡鸣紫陌曙光寒，莺啭皇州春色阑。

金阙晓钟开万户，玉阶仙仗拥千官。

花迎剑佩星初落，柳拂旌旗露未干。

独有凤凰池上客，阳春一曲和皆难。

教学释义： 五更鸡鸣，京都路上曙光略带微寒。黄莺鸣啭，长安城里已是春意阑珊。望楼晓钟响过，宫殿千门都已打开。玉阶前仪仗林立，簇拥上朝的官员。启明星初落，花儿迎来佩剑的侍卫；柳条轻拂着旌旗，一滴滴露珠未干。唯有凤池中书舍人贾至，写诗称赞，他的诗是阳春白雪，和唱太难。

上元应制

【宋】蔡襄

高列千峰宝炬森，端门方喜翠华临。

宸游不为三元夜，乐事还同万众心。

天上清光留此夕，人间和气阁春阴。

要知尽庆华封祝，四十余年惠爱深。

教学释义：宫外千座灯山高高耸立，无数宝烛点燃，到处彻亮通明。令人特别欣喜的是，君王的车驾来到了端门。君王的巡游并不是为了观赏元宵美景，是为了同万民同庆乐事。天上团团明月，留住清光专为把今夜辉映，人间一派祥和之气，春意在花中停留。要知为什么普天共祝君王长寿，只因四十多年对百姓惠爱至深。

上元应制

【宋】王珪

雪消华月满仙台，万烛当楼宝扇开。

双凤云中扶辇下，六鳌海上驾山来。

镐京春酒沾周宴，汾水秋风陋汉才。

一曲升平人尽乐，君王又进紫霞杯。

教学释义：白雪消融，皎洁的月光照射在皇帝的楼台上，万支蜡烛当楼点燃，御座两边宫扇分开，如双凤护驾；皇上的车驾光临，像六鳌驮山，群臣齐来朝贺。如周武王镐京大宴宾客，群臣享受皇恩；像汉武帝汾水作《秋风辞》，群臣赋诗愧不如汉代俊才。一曲升平的乐曲使人畅快，再次举杯向君王敬贺。

侍　宴

【唐】沈佺期

皇家贵主好神仙，别业初开云汉边。

山出尽如鸣凤岭，池成不让饮龙川。

妆楼翠幌教春住，舞阁金铺借日悬。

敬从乘舆来此地，称觞献寿乐钧天。

教学释义：皇帝高贵的女儿安乐公主喜欢神仙，新建的别墅坐落在银河边。庭院的假山像鸣凤岭，池塘赛过饮龙川。妆楼上翠绿色的帘幕让春天永驻，舞阁门上金色铺首闪耀光辉像太阳一样高悬。仕臣恭敬地随着御驾来到此地，举杯祝福皇上长寿安康，演奏喜庆的乐曲《钧天》。

戏答元珍

【宋】欧阳修

春风疑不到天涯，二月山城未见花。

残雪压枝犹有橘，冻雷惊笋欲抽芽。

夜闻归雁生乡思，病入新年感物华。

曾是洛阳花下客，野芳虽晚不须嗟。

教学释义：真怀疑春风能不能吹到这边远的山城。已是二月，居然还见不到一朵花。有的是未融尽的积雪压弯了树枝，枝上还挂着去年的橘子；寒冷的天气，春雷震动，似乎在催促着竹笋赶快抽芽。夜间难以入睡，阵阵北归的雁鸣引起我无穷的乡思；久病又逢新春，眼前景色都使我思绪如麻。我曾在洛阳见够了千姿百态的牡丹花，这里的野花开得虽晚，又有什么可感伤，可嗟叹的？

插花吟

【宋】邵雍

头上花枝照酒卮，酒卮中有好花枝。

身经两世太平日，眼见四朝全盛时。

况复筋骸粗康健，那堪时节正芳菲。

酒涵花影红光溜，争忍花前不醉归。

教学释义：插在头上的花枝倒映在酒杯里，酒杯浮动着美丽的花枝。

我这辈子经历了六十年的太平岁月，目睹了四朝的盛世。何况我的身子骨还硬朗，又喜逢百花盛开的芳菲时节。看着酒杯中荡漾着的花影，红光溜转，怎么舍得不痛饮到大醉呢？

寓　意

【宋】晏殊

油壁香车不再逢，峡云无迹任西东。

梨花院落溶溶月，柳絮池塘淡淡风。

几日寂寥伤酒后，一番萧瑟禁烟中。

鱼书欲寄何由达，水远山长处处同。

教学释义：再也见不到你所乘坐的油壁香车，我们像那巫峡的彩云倏忽飘散，我在西，你在东。院落里，梨花沐浴在如水一般的月光之中；池塘边阵阵微风吹来，柳絮在空中飞舞。多日来借酒消愁，是那么的伤怀寂寞；在寒食的禁烟中，怎不令我加倍地思念你的芳踪。想寄封信告诉你，这层层的山，道道的水，又怎能到得了你的手中？

寒食书事

【宋】赵鼎

寂寂柴门村落里，也教插柳纪年华。

禁烟不到粤人国，上冢亦携庞老家。

汉寝唐陵无麦饭，山溪野径有梨花。

一樽竟藉青苔卧，莫管城头奏暮笳。

教学释义：村落里冷清的柴门边，有人也插栽了柳条，迎接新年的到来。虽然寒食节禁烟的风俗，没有传播到粤人居住的地方，但上坟的规矩却和中原一模一样。以往的汉唐陵墓，如今享用不到一碗粗糙的麦饭，而山涧野路，却开满了洁白的梨花。喝完一杯醇香的美酒后，暂且仰卧在青苔上休息一会儿，不可理会城头上晚来春天起的胡笳。

清 明

【宋】黄庭坚

佳节清明桃李笑，野田荒冢只生愁。

雷惊天地龙蛇蛰，雨足郊原草木柔。

人乞祭余骄妾妇，士甘焚死不公侯。

贤愚千载知谁是，满眼蓬蒿共一丘。

教学释义：清明时节，桃红李白，含笑盛开。田野上那些长满杂草的坟墓令人感到凄凉。春雷滚滚，惊醒了冬眠中的龙蛇百虫；春雨充沛，滋润郊野旷原，使草木变得青绿柔美。古有齐人出入坟墓间乞讨祭食以向妻妾夸耀，也有介子推拒做官而被大火烧死。不管是贤者还是平庸之辈，千年之后又有谁知道呢？最后留在世间的只不过是蓬蒿一丘。

清 明

【宋】高翥

南北山头多墓田，清明祭扫各纷然。

纸灰飞作白蝴蝶，泪血染成红杜鹃。

日落狐狸眠冢上，夜归儿女笑灯前。

人生有酒须当醉，一滴何曾到九泉。

教学释义：清明的时候，南山和北山上到处都是上坟祭扫的人群。焚烧的纸灰像白色的蝴蝶到处飞舞，人们的哭泣声如杜鹃哀啼时要吐出血一样。黄昏时分，狐狸躺在坟上，坟场一片荒凉，上坟归来的人们在灯前欢声笑语。人活着的时候应尽情享受生活，因为，人死之后坟前祭祀的酒不会有一滴流到阴间。

郊行即事

【宋】程颢

芳原绿野恣行时，春入遥山碧四围。

兴逐乱红穿柳巷，困临流水坐苔矶。

莫辞盏酒十分劝，只恐风花一片飞。

况是清明好天气，不妨游衍莫忘归。

教学释义：（我）在原野尽情地游玩，目睹一片碧绿春色。乘兴追逐红色花瓣，穿过柳丝飘摇的小巷；感到困倦时，坐在长满青苔的石头上休息。不要推辞这杯诚挚的酒，只是怕风吹花落一片片飞散了。天气晴朗的清明佳节极宜游乐，但不可乐而忘返。

秋　千

【宋】僧惠洪

画架双裁翠络偏，佳人春戏小楼前。

飘扬血色裙拖地，断送玉容人上天。

花皮润沾红杏雨，彩绳斜挂绿杨烟。

下来闲处从容立，疑是蟾宫谪神仙。

教学释义：带有纹饰的秋千架上的彩绳飘向高空一端，正当妙龄的美貌女子在楼前戏耍着秋千。飘曳的猩红色裙子倏地掠过了地面，摆动的彩绳又把她送上高天。汗珠似红杏雨露，沾湿了秋千上带花纹的踏板，飞动的彩绳冒过了如烟的绿杨树尖。当她从容地下了秋千，在一旁悠闲地站立着，不禁令人猜想她会不会是那月宫里的嫦娥降落人间。

曲江（其一）

【唐】杜甫

一片花飞减却春，风飘万点正愁人。

且看欲尽花经眼，莫厌伤多酒入唇。

江上小堂巢翡翠，苑边高冢卧麒麟。

细推物理须行乐，何用浮名绊此身。

教学释义：一片春花飞落，春随花落而渐去。风吹落花万点，煞是愁人。且看飞花随风飘去，不要因感伤太多而厌酒。江边的明堂上有翡翠鸟筑巢。芙蓉苑边，有石麒麟卧在墓道旁。细细想来，还是应该及时行乐，人生何必为浮名所累。

曲江（其二）

【唐】杜甫

朝回日日典春衣，每日江头尽醉归。

酒债寻常行处有，人生七十古来稀。

穿花蛱蝶深深见，点水蜻蜓款款飞。

传语风光共流转，暂时相赏莫相违。

教学释义：每天退朝归来，都要典衣沽酒。常到江边举杯畅饮，尽醉而归。因为赊酒太多，处处留有酒债。人活到七十岁，自古以来就不多。蝴蝶在花丛中穿行，时隐时现。蜻蜓缓缓飞动，时而点着水面。我要对春光说，请与蝴蝶、蜻蜓一同流转，须得片刻欣赏，莫误时机。

黄鹤楼

【唐】崔颢

昔人已乘黄鹤去，此地空余黄鹤楼。

黄鹤一去不复返，白云千载空悠悠。

晴川历历汉阳树，芳草萋萋鹦鹉洲。

日暮乡关何处是？烟波江上使人愁。

教学释义：昔日的人已乘着黄鹤飞去，只留下空荡荡的黄鹤楼。黄鹤一去再也没有返回来，千万年来只有白云飘飘悠悠。汉阳晴川阁的碧树历历可辨，更能看清芳草繁茂的鹦鹉洲。时至黄昏不知何处是我家乡，看江面烟波渺渺更使人烦愁！

旅　怀

【唐】崔涂

水流花谢两无情，送尽东风过楚城。

蝴蝶梦中家万里，杜鹃枝上月三更。

故园书动经年绝，华发春催两鬓生。

自是不归归便得，五湖烟景有谁争。

教学释义：落花和流水是无情的，我正动身前往楚地，算是替春天送走这一年的东风。得以在蝴蝶梦中回到了万里之外的家乡，三更的月亮就高高挂在树枝上杜鹃巢上方。寄回家乡的书信往往一年都没有消息，春日里两鬓的华发又长出了许多。其实是我自己不愿回家，如果想回去立刻就可以启程，家乡平静、自由淡泊的人生是与世无争的。

答李儋

【唐】韦应物

去年花里逢君别，今日花开又一年。

世事茫茫难自料，春愁黯黯独成眠。

身多疾病思田里，邑有流亡愧俸钱。

闻道欲来相问讯，西楼望月几回圆。

教学释义：去年花开时节我们依依惜别，如今花开时节我们分别已一年。世事渺茫自我的命运怎能预料，只有黯然的春愁让我孤枕难眠。多病的身躯让我想归隐田园间，看着流亡的百姓愧对国家俸禄。早听说你将要来此地与我相见，我到西楼眺望几度看到明月圆。

江　村

【唐】杜甫

清江一曲抱村流，长夏江村事事幽。

自去自来梁上燕，相亲相近水中鸥。

老妻画纸为棋局，稚子敲针作钓钩。

但有故人供禄米，微躯此外更何求。

教学释义：清澈的江水曲折地绕村流过，长长的夏日里，村中的一切都显得幽雅。梁上的燕子自由自在地飞来飞去，水中的白鸥相亲相近，相伴相随。老妻正在用纸画一张棋盘，小儿子敲打着针作一只鱼钩。只要有老朋友给予一些钱米，我还有什么奢求呢？

夏　日

【宋】张耒

长夏江村风日清，檐牙燕雀已生成。

蝶衣晒粉花枝舞，蛛网添丝屋角晴。

落落疏帘邀月影，嘈嘈虚枕纳溪声。

久斑两鬓如霜雪，直欲樵渔过此生。

教学释义：夏日昼长，江村风日清丽，屋檐上栖息着许多小燕雀，羽翼都已长成。蝴蝶展翅停在午间的花枝上，在晴朗的天气里，蜘蛛在屋角悠然织网。月光照射在疏疏落落的帘子上，斜倚枕上，听着潺潺溪水声。久已花白的头发如今像霜雪一般白了，一直想做个樵夫或渔翁混过这一生！

辋川积雨

【唐】王维

积雨空林烟火迟，蒸藜炊黍饷东菑。

漠漠水田飞白鹭，阴阴夏木啭黄鹂。

山中习静观朝槿，松下清斋折露葵。

野老与人争席罢，海鸥何事更相疑。

教学释义：连日雨后，村落里升起炊烟，烧好的粗茶淡饭是送给村东耕耘的人。平坦的水田上一行白鹭飞过，田野树林中传来黄鹂的啼声。我在山中静坐观赏朝槿晨开晚谢，吃着素食不沾荤腥。我已辞官与世无争，鸥鸟为什么还要猜疑我呢？

新 竹

【宋】陆游

插棘编篱谨护持，养成寒碧映涟漪。

清风掠地秋先到，赤日行天午不知。

解箨时闻声簌簌，放梢初见影离离。

归闲我欲频来此，枕簟仍教到处随。

教学释义： 竹初种时，用棘条编成篱笆，小心谨慎保护好，新竹长成，碧绿浓荫，倒映在水之涟漪中。夏日的清风吹过地面，好像秋天提前而至，赤日当空，也不感到正午的炎热。笋壳脱落时，听到簌簌悉悉的声音，竹子拔节时，初现疏疏落落的倩影。退归闲暇的时候，我经常来这里，来的时候仍然随身带着枕头和竹席，好随地安眠。

偶 成

【宋】程颢

闲来无事不从容，睡觉东窗日已红。

万物静观皆自得，四时佳兴与人同。

道通天地有形外，思入风云变态中。

富贵不淫贫贱乐，男儿到此是豪雄。

教学释义： 闲暇之时事事皆能从容，睡觉醒来东窗日照霞红。冷静观察万物都有自得，四季兴致感受与人相同。道理通达天地形体以外，深思进入风云变化之中。富贵不惑贫贱亦是安乐，男人做到此境便是英雄。

表兄话旧

【唐】窦叔向

夜合花开香满庭，夜深微雨醉初醒。

远书珍重何由达，旧事凄凉不可听。

去日儿童皆长大，昔年亲友半凋零。

明朝又是孤舟别，愁见河桥酒幔青。

教学释义：深宵酒醒，小雨轻轻地下着，庭院里百合花的清香阵阵袭来。和兄弟说起在纷乱的年代写一份叮咛亲友珍重的书信也寄不到，家中的事情，件件桩桩都够凄凉的。离开的日子里那些孩子都已经长大成人，过去的亲朋好友大部分已经亡故。明天一早又要孤零零地乘船远离，想起河桥下青色的酒幔，心中不由得一阵忧愁，因为又要在那里与亲人分别饯行。

游月陂

【宋】程颢

月陂堤上四徘徊，北有中天百尺台。

万物已随秋气改，一樽聊为晚凉开。

水心云影闲相照，林下泉声静自来。

世事无端何足计，但逢佳节约重陪。

教学释义：月光照在陂堤上，我四处徘徊，北面是耸入云中的百尺楼台。秋天一来，万物都变得萧条零落，姑且趁水边向晚的凉意，举杯畅饮。水里的云影悠闲地相互照映，林中泉水在静谧中流淌。世事变化无常何必计较，只要逢佳节便要与友朋相约再来游玩。

秋兴（其一）

【唐】杜甫

玉露凋伤枫树林，巫山巫峡气萧森。

江间波浪兼天涌，塞上风云接地阴。

丛菊两开他日泪，孤舟一系故园心。

寒衣处处催刀尺，白帝城高急暮砧。

教学释义：深秋，枫树逐渐凋零、残伤，巫山和巫峡也笼罩在迷雾中。巫峡波浪滔天，乌云使天地一片阴沉。已经看了两年花开花落，想到未曾回家就不免伤心落泪；小船还系在岸边，心也长系故园。白帝城制寒衣的砧声一阵紧似一阵，又在赶制冬天御寒的衣服了。

秋兴（其三）

【唐】杜甫

千家山郭静朝晖，日日江楼坐翠微。

信宿渔人还泛泛，清秋燕子故飞飞。

匡衡抗疏功名薄，刘向传经心事违。

同学少年多不贱，五陵衣马自轻肥。

教学释义：千户人家的山城在晨曦里多么宁静，每天江楼都拥坐着山气的青翠。度过两夜的渔人还在江上泛舟漂泊，清秋时节的燕子仍旧翩翩地飞。像匡衡那样抗疏直言却失去了功名，似刘向传经给后人可事与愿违。少年时的同学多是纨绔子弟，在五陵地区他们自是裘轻马肥。

秋兴（其五）

【唐】杜甫

蓬莱宫阙对南山，承露金茎霄汉间。

西望瑶池降王母，东来紫气满函关。

云移雉尾开宫扇，日绕龙鳞识圣颜。

一卧沧江惊岁晚，几回青琐点朝班。

教学释义：蓬莱宫正门遥望的就是终南山，大殿很高，殿上接露水的盘子放在直上霄汉的金铜铸就的大柱子上。这宫殿金碧辉煌比得过昆仑山瑶池，气象祥瑞比得过紫气中的函谷关。彩云中宫娥撑开了雉尾的宫扇，旭日照在金丝龙鳞上使皇帝看起来更加容光焕发。猛然间惊醒，我已在这沧江上病卧了快一年，曾几何时我不也在那气派的大殿上参与过朝政么。

秋兴（其七）

【唐】杜甫

昆明池水汉时功，武帝旌旗在眼中。

织女机丝虚夜月，石鲸鳞甲动秋风。

波漂菰米沉云黑，露冷莲房坠粉红。

关塞极天惟鸟道，江湖满地一渔翁。

教学释义： 遥想汉武帝曾在昆明池上练习水兵，一面面战旗迎风飞舞。池中石刻的织女辜负了美好的夜色，只有那巨大的鲸鱼还会在雷雨天与秋风共舞。波浪中的菰米丛犹如黑云聚拢，莲子结蓬，红花坠陨。（我）多想像飞鸟自由滑翔于秦中的天空，现实我却困在冷江上无言垂钓。

月夜舟中

【宋】戴复古

满船明月浸虚空，绿水无痕夜气冲。

诗思浮沉樯影里，梦魂摇曳橹声中。

星辰冷落碧潭水，鸿雁悲鸣红蓼风。

数点渔灯依古岸，断桥垂露滴梧桐。

教学释义： 月夜，装载着明月清光的船在水上漂浮，好像沉浸在虚空中一样。平静澄澈的江水，散发着秋夜逼人的寒气。我的诗兴在浮沉的帆影中起伏，梦魂恍惚在不定的橹声中动荡。碧潭水中静静地映照出天上星辰，蓼草风声伴随着鸿雁悲鸣。古来停船靠岸的地方闪耀着几点渔家灯火，梧桐叶上坠落下来的露珠滴在断桥上。

长安秋望

【唐】赵嘏

云物凄清拂曙流，汉家宫阙动高秋。

残星几点雁横塞，长笛一声人倚楼。

紫艳半开篱菊静，红衣落尽渚莲愁。

鲈鱼正美不归去，空戴南冠学楚囚。

教学释义： 云雾夹带着寒意，天刚刚亮，宫殿四周已呈现深秋的景色。稀疏的晨星伴着横空的大雁，凭楼眺望听见笛声引起无限乡愁。篱笆旁紫色菊花欲开未开，池沼里莲花花瓣已凋谢。故乡的鲈鱼正是肥美的季节，而我却不能归去，何苦戴着南方的冠冕学楚囚？

新　秋

【唐】杜甫

火云犹未敛奇峰，欹枕初惊一叶风。

几处园林萧瑟里，谁家砧杵寂寥中。

蝉声断续悲残月，萤焰高低照暮空。

赋就金门期再献，夜深搔首叹飞蓬。

教学释义： 火烧云尚未收敛层层变幻的奇峰，斜倚在枕上惊觉吹落树叶的秋风。多处园林已呈现出萧索的秋日景象，捣衣声划破冷落的幽境。断断续续的蝉鸣仿佛为残月而悲鸣，忽高忽低的流萤光焰映照着黄昏的夜空。再次献赋以期望得到君王的赏识，夜深心绪烦闷感叹自己像蓬草般随风飞转。

中　秋

【宋】李朴

皓魄当空宝镜升，云间仙籁寂无声。

平分秋色一轮满，长伴云衢千里明。

狡兔空从弦外落，妖蟆休向眼前生。

灵槎拟约同携手，更待银河澈底清。

教学释义： 浩瀚广阔的夜空中，月亮像宝镜般升起，月静风闲，万籁无声。空中只有淡薄的云，遥望夜空，这一轮满月，足以平分秋色，将那四通八达的大路映照得千里光明。这圆月之夜，我仿佛看到玉兔在从桂枝边灵巧地跳跃，想落到人间。妖蟆呀你休要用你的阴影挡住我专注的眼神。玉兔啊，你别落下，今夜我打算在银河更加清澈的时分，坐上仙人的木筏，与你相约仙境，携手共渡这美好时光。

九日蓝田会饮

【唐】杜甫

老去悲秋强自宽，兴来今日尽君欢。

羞将短发还吹帽，笑倩旁人为正冠。

蓝水远从千涧落，玉山高并两峰寒。

明年此会知谁健，醉把茱萸仔细看。

教学释义： 人老了，又面对着悲凉萧瑟的秋色，只好勉强宽慰自己了。今日恰逢重阳佳节，我也来了兴致，和大家在一起尽情欢乐。惭愧的是，我的头发稀稀落落，因担心帽子被风吹走，笑请旁人把我的帽子扶正。蓝溪的水远远地从千条溪涧中流过来，玉山高耸冷峻，两峰并峙，千古不变。明年我们再相聚时，谁还健在呢？不如多饮几杯酒，拿起茱萸好好看看，期望明年再相会。

秋　思

【宋】陆游

利欲驱人万火牛，江湖浪迹一沙鸥。

日长似岁闲方觉，事大如天醉亦休。

砧杵敲残深巷月，井桐摇落故园秋。

欲舒老眼无高处，安得元龙百尺楼。

教学释义： 利欲驱使人如同万头火牛东奔西走，不如做个江湖人浪迹天涯，像沙鸥那样自由自在。闲暇无所事事的时候一日长似一年，即使是天大的事，喝醉了也就变得无关紧要。在捣衣棒的敲击声中明月渐渐西沉，井边梧桐的摇动使我知道故乡也是秋天了。想极目远眺，苦于没有高处，哪能像陈登一样站在百尺高楼谈论天下大事？

南 邻

【唐】杜甫

锦里先生乌角巾，园收芋栗未全贫。

惯看宾客儿童喜，得食阶除鸟雀驯。

秋水才深四五尺，野航恰受两三人。

白沙翠竹江村暮，相送柴门月色新。

教学释义：锦江有一位先生头戴黑色方巾，他的园子每年收许多的芋头和板栗，所以不能算是穷人。孩子们都习惯了常有宾客来，鸟雀也被驯服，常在台阶上觅食。秋天的江水不过四五尺深，野渡的船只能容下三两人。夜晚，江边的白沙滩、竹林渐渐笼罩在夜色中，锦里先生把我们送出柴门，此时一轮明月刚刚升起。

闻 笛

【唐】赵嘏

谁家吹笛画楼中，断续声随断续风。

响遏行云横碧落，清和冷月到帘栊。

兴来三弄有桓子，赋就一篇怀马融。

曲罢不知人在否，余音嘹亮尚飘空。

教学释义：是谁在美丽的楼阁上吹笛子？悦耳的笛声随着轻风断断续续传来。当笛声嘹亮时，就像横在碧蓝的天空上阻遏来往的浮云。当笛声清和时，就像随着冰冷的月光照进我的床里来。笛声优美，就像当年桓伊随兴所至为王徽之奏的三首曲子；而曲调的优雅更让人想起马融的笛赋中所用的语句。一曲吹毕，不知道吹奏的人是否还在画楼上，而那嘹亮的笛声却好像还飘荡在空中，久久淡散。

冬 景

【宋】刘克庄

晴窗蚤觉爱朝曦，竹外秋声渐作威。

命仆安排新暖阁，呼童熨帖旧寒衣。

叶浮嫩绿酒初熟，橙切香黄蟹正肥。

蓉菊满园皆可羡，赏心从此莫相违。

教学释义： 早上醒来，我最喜欢看看窗外温暖的阳光，突然听到竹林外一阵秋风吹起，越来越猛烈，看来冬天到了，我于是要仆人在阁楼里放上取暖的火炉，把去年的棉衣烫平。然后端出新酿好的美酒，酒上还浮着像竹叶一样嫩绿的泡沫，准备好又青又黄的橙子和新鲜肥美的螃蟹。秋日里，芙蓉和菊花开满了园子，散发着一阵一阵的清香，这样好的景色真让人感到高兴，让我们尽情地欣赏这美景，品尝这美食，不要错过这样美好的时光。

小 至

【唐】杜甫

天时人事日相催，冬至阳生春又来。

刺绣五纹添弱线，吹葭六琯动浮灰。

岸容待腊将舒柳，山意冲寒欲放梅。

云物不殊乡国异，教儿且覆掌中杯。

教学释义： 天时人事交织变化，冬至后白天渐长天气回暖，春天很快就到了。秀女可多秀几根五彩丝线，吹管的六律已飞动了葭灰。堤岸等待腊月的流逝、柳树生长，大山想冲破寒气使梅花开放。我虽然身在他乡，但看着和故里相同的景色，不禁让小儿斟上美酒一饮而尽。

梅　花

【宋】林逋

众芳摇落独暄妍，占尽风情向小园。

疏影横斜水清浅，暗香浮动月黄昏。

霜禽欲下先偷眼，粉蝶如知合断魂。

幸有微吟可相狎，不须檀板共金樽。

教学释义： 在这百花凋零的季节，唯有梅花迎着寒风昂然盛开；那明媚艳丽的容颜占尽了小园的风光。稀疏的梅花倒影，横斜在清浅的水中；清幽的芳香在黄昏的月光下悠悠地飘散。寒雀想飞落下来时，都要先偷偷地看一看；想必蝴蝶如果知道（梅花的香艳），一定会销魂蚀骨，流连忘返。幸好我能低声吟诵几句小诗，来与梅花亲近；不用敲着檀板唱歌，也不用手执金杯饮酒来赏玩。

自　咏

【唐】韩愈

一封朝奏九重天，夕贬潮阳路八千。

本为圣朝除弊事，敢将衰朽惜残年。

云横秦岭家何在？雪拥蓝关马不前。

知汝远来应有意，好收吾骨瘴江边。

教学释义： 早晨给皇上递上奏折，晚上就被贬到八千里外的潮州。本想为皇帝除去不利于国家的政事，哪能因衰老就吝惜残余的生命。浮云隔断的秦岭，我的家在哪里？皑皑白雪堵塞蓝关，连马都迟迟不肯前行。知道你远道而来定是有所打算，正好在瘴江边收殓我的尸骨。

干　戈

【宋】王中

干戈未定欲何之，一事无成两鬓丝。

踪迹大纲王粲传，情怀小样杜陵诗。

鹡鸰音断人千里，乌鹊巢寒月一枝。

安得中山千日酒，酩然直到太平时。

教学释义： 身处战乱，我的家又在哪里呢？一事无成愁白两鬓发。我的遭遇大致和王粲一样，我的情怀也像杜甫诗中所说的一样忧国忧民。我和兄弟相隔千里，音信断绝，就像乌鹊在月夜下的枝头独栖。哪里能够得到中山国制作的千日美酒，像陈抟老祖那样酣睡到天下太平！

归　隐

【宋】陈抟

十年踪迹走红尘，回首青山入梦频。

紫陌纵荣争及睡，朱门虽贵不如贫。

愁闻剑戟扶危主，闷见笙歌聒醉人。

携取旧书归旧隐，野花啼鸟一般春。

教学释义： 游历十年，一处曾到过的青山时常出现在梦中。权势钱财都比不上安稳的睡眠和安定的生活。世间最使人发愁的莫过于战乱后新立君主，最使人苦闷的是人们醉生梦死的笙歌。归隐去吧，带上喜爱的古琴和平常读的书籍，到山间赏野花，听鸟儿鸣叫，享有最自然最美好的春光。

山中寡妇

【唐】杜荀鹤

夫因兵死守蓬茅，麻苎裙衫鬓发焦。

桑柘废来犹纳税，田园荒后尚征苗。

时挑野菜和根煮，旋斫生柴带叶烧。

任是深山最深处，也应无计避征徭。

教学释义： 丈夫死于战乱，她身穿布衣衫独守茅屋受煎熬。桑树柘树全废毁了，田园耕地也荒芜了，却还要交纳各种税。吃的是野菜、烧的是生柴。即使住在深山野林，也没办法逃脱官府的赋税和兵徭。

送天师

【明】朱权

霜落芝城柳影疏，殷勤送客出鄱湖。

黄金甲锁雷霆印，红锦韬缠日月符。

天上晓行骑只鹤，人间夜宿解双凫。

匆匆归到神仙府，为问蟠桃熟也无。

教学释义：霜降导致柳殚花殒，我在鄱阳湖上殷勤地送走客人。杏黄色道袍遮掩着他掌印的雄才，呼风唤雨的日月符深深藏在绛囊。天师白昼骑鹤杳然无影，夜里解下仙凫在人间宿住。此刻，天师匆匆回到神府，要亲自过问那蟠桃是生还是熟。

送毛伯温

【明】朱厚熜

大将南征胆气豪，腰横秋水雁翎刀。

风吹鼍鼓山河动，电闪旌旗日月高。

天上麒麟原有种，穴中蝼蚁岂能逃。

太平待诏归来日，朕与先生解战袍。

教学释义：将军征伐南方胆气豪迈，腰间的雁翎刀如同一泓秋水。风吹电闪之中旌旗飘扬，战鼓擂动，山河震动，日月高标。将军神勇天生如天上麒麟的后代，敌人却像蝼蚁，如何能逃走？等到天下太平，将军奉诏班师回朝的时候，我（指嘉靖自己）亲自为将军解下战袍接风庆祝。

第三节　《千家诗》教学设计示例

教学设计一

【教学内容】《静夜思》

【教学目标】

1. 复习巩固生字，会写"床、低、故"3个生字。

2. 通过观察图片、想象景象，初步体会诗人的心情，读出古诗节奏。

3. 背诵古诗。

【教学重难点】

重点：复习生字，会写"床、低、故"。

难点：会写"床、低、故"。

【教学方法】

讲授法、讨论法、引导教学法、合作教学法

【教学过程】

（一）揭题导入，教学"思"字

1. 出示课题，读准字音。

（1）今天学习一首古诗——静夜思。（出示词卡：静夜思）

（2）指名读，齐读。（读准"静"字的后鼻音和"思"字的平舌音。）

2. 教学"思"，理解课题。

（1）出示卡片"思"，你能给"思"找朋友吗？

（2）认读卡片上的生字"思"，说"思"可以拆成哪两个字？（"思"上田下心。）

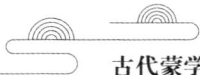

（3）带心字底的字还学过哪些？（想、忘、怎。）

（4）"静夜思"里的"思"是什么意思？把"思"请回题目中读一读，想一想。联系学过的带心字底的字发现了什么规律？（要点：带心字底的字和人的思想、心情有关。）

（5）再读课题。

（二）识字读诗，读准读通

1.圈画生字，正音识记。

（1）请学生圈一圈课文中的生字，借助拼音读一读。

（2）同桌之间你指我读，我指你读，把圈出的生字读准确。

（3）学生当小老师带领大家读。

（4）齐读古诗。

2.指导朗读，读出节奏。

（1）读诗时不仅要读准字音，读通诗句，还要学会把诗歌读出节奏。

（2）老师范读，同学们听一听，看看有什么发现。

出示：床前 / 明月 / 光，疑是 / 地上 / 霜。举头 / 望 / 明月，低头 / 思 / 故乡。（有感情、有节奏地读诗句，要求模仿老师的朗读，同桌之间互相朗读。）

（三）品读古诗，体会情趣

1.整体感知古诗。阅读完整首诗，是否知道李白在想什么？

2.读懂大意，随文识字。

（1）学习诗句"床前明月光"。

①李白在哪里看月亮呢？你怎么知道的？（课件出示：床前明月光。）（出示卡片：床。）指名读，齐读。

②怎样认识这个字？"床"是由"广＋木"组成，请给它找个朋友，大床、小床、木床。

（2）学习诗句"疑是地上霜"。

①读完句子，你看到怎样的月亮？

②月光照在井栏上，李白把它当成了什么呢？（出示卡片"疑"，指名读，齐读。）请你给"疑"找找朋友，练读词语：怀疑、疑心、猜疑。

③明明是月光，为什么李白把它当成霜？明亮的月光照在地上，是否像铺了一层霜？

读——"霜"字，再读这句诗——"床前明月光，疑是地上霜。"

（3）学习诗句"举头望明月，低头思故乡"。

①引读诗句，相机教学"举""低"。

A.看着明月，李白想到了什么？（出示诗句：举头望明月，低头思故乡。）指名读，男女生读。

B.这句诗里还有一对反义词，找一找。（出示词卡：举头，低头。）指名读，齐读。请学生做做"举头"和"低头"的动作。（引说：李白举头看到——明月，低头想起——故乡。）

②营造情境，感知李白对故乡的思念之情。

A.那么，李白望着这轮明月会想些什么？

配乐出示图片，学生自由想象，畅谈所思所想。

B.是的，李白想起了故乡的人、景、事。（出示卡片，认读：故。"古"加反文旁，熟字加偏旁。）

拓展：李白的出生地，一个他曾经长期生活过的地方，被他称之为故乡，那么曾经的朋友可以称之为——故友，曾经的居住场所可以称为——故居，曾经发生过的事情可以称为——故事。再来读读这个字——故，再来读读这个词——故乡。

C.是的，望着这轮明月，李白想起了故乡的一切。明月照耀着故乡的小溪，李白看不到；照耀着故乡的庭院，李白看不到；照耀着故乡的亲人，李白仍然看不到。这样的夜晚，李白只能静静地思念，（引读《静夜思》）只能——举头望明月，低头思故乡。（指名读，齐读。）

（四）再读全诗，读出节奏，读出体会

（五）指导书写，巩固语境

1. 分组出示生字，引导学生关注笔画的写法和位置。

第一组生字：低、故；第二组生字：床、前；第三组：光、乡。

2. 学生练写生字，教师在实物投影上集中分析讲评。

3. 指导学生在语境中巩固生字。

（六）想象画面，积累背诵

1. 指导看图，引导背诵整首诗。

（1）要点：看图，指导学生练习说话，大屏幕出示"床前明月光，疑是地上霜"，背诵第一、第二两句。

（2）提示：明月触动了诗人的思乡之情，情不自禁地又念起了这样的两句：举头望明月，低头思故乡。

2. 加上动作，表演背诵。（手势操。）

3. 播放音乐，学生学唱这首诗。

（七）作业布置

1. 我当小画家。根据诗意画一幅月夜图，把图的内容说给家长听，请家长给自己打星。

2. 拓展阅读，背诵课文。用学得的方法诵读李白的《关山月》，想象画面，交流诗的大意。

教学设计二

【**教学内容**】《晓出净慈寺送林子方》

【**教学目标**】

1. 认识生字，会写本课"湖、莲"等8个生字。

2. 能正确、流利、有感情地朗读和背诵课文。

3. 能初步了解诗句的意思，理解诗句描绘的意境。

【**教学重难点**】

重点：认识生字并能正确、流利、有感情地朗读和背诵课文。

难点：能初步了解诗句的意思，理解诗句描绘的意境。

【**教学方法**】

讲授法、引导式教学法、讨论法

【**教学过程**】

（一）激趣导入，介绍作者

1. 俗话说"上有天堂，下有苏杭"。杭州历来就被人们称为"人间天堂"，有谁知道杭州西湖？（出示课件：西湖美景图片。）

有人把它比作画，有人把它比作美女，这都说明西湖是非常美的。古往今来有很多文人墨客都曾写诗赞美它。今天我们一起学习一首描写西湖的古诗（板书：晓出净慈寺送林子方）。

2. 作者介绍（出示课件）。

杨万里（1127—1206），南宋诗人，字廷秀，号诚斋，吉水（今属江西）人。杨万里的诗语言通俗明畅，自成一家，在当时称为杨诚斋体。他一生作诗两万多首，传世者仅为其一部分。他与尤袤、范成大、陆游齐名，称"中兴四大家"，亦作"南宋四大家"。著有《诚斋集》。

（二）自读古诗，学习生字词

1.学生自由朗读古诗，标记重点（如生字、词，难写的字，语法等）。

2.指导朗读。

（1）指出如何断句。

（2）提示重点字词的读音，要求按照划分的节奏读，语速稍慢，读出对西湖夏天的美和对它的赞美之情。

（3）学生在反复朗读基础上试着背诵。

3.在师生讨论如何识记和书写难写的字的基础上教师进行指导（出示课件）。

例：湖 = 氵 + 胡；莲 = 艹 + 连；荷 = 艹 + 何。

4.教师解释诗句中的词语（出示课件）。

晓：天刚亮。

净慈寺：即"净慈报恩光孝禅寺"，与灵隐寺为杭州西湖南北山两大著名佛寺。

林子方：作者的朋友，官居直阁秘书。

毕竟：到底。

六月中：六月中旬。

四时：春夏秋冬四个季节。在这里指六月以外的其他时节。

同：相同。

接天：像与天空相接。

无穷碧：因莲叶面积很广，似与天相接，故呈现无穷的碧绿。

别样红：红得特别出色。

（三）品读古诗，体会意境

1.学生试着讲这首诗的大意是什么。

学生汇报。（出示课件）

还是西湖六月的风景美，与其他四季都有所不同。无边无际的莲叶好像与天相接，在太阳的映照下荷花显得格外鲜红艳丽。

2.教师解读诗句。

前两句：毕竟西湖六月中，风光不与四时同。（板书并出示课件）

（1）首句看似突兀，实际造句大气，我们还不曾从诗中领略到西湖美景，但已能从诗人赞叹的语气中感受到西湖的美。

（2）重点引导学生通过"中""同"等字眼体会夏季西湖的美景。

（3）这一句寓情于景，作者借风景说明自己对林子方的情感也不相同。

（4）鼓励学生把自己的发现和感受说给大家听。

后两句：接天莲叶无穷碧，映日荷花别样红。（板书并出示课件）

（1）承接上一句，西湖美景和别处不一样，具体说明有什么不一样。碧绿的莲叶无边无际好像与天相接，在太阳的映照下荷花显得格外艳丽鲜红。表达了作者的情感，称赞莲叶与荷花一样美好。

（2）诗句描绘的色彩非常多，如蓝色的天空、碧绿的荷叶、红艳的荷花。

（3）鼓励学生把自己的发现和感受说给大家听。

3.学生讨论交流，教师总结：诗人在六月的西湖送别友人林子方，没有叙述友谊，更没有抒发离愁别绪，而是通过对西湖美景的极度赞美，婉转地表达对友人的眷恋。（板书：寓情于景）

（四）作业布置

1.背诵诗歌，完成一幅能表达诗歌意境的诗画作品。

2.描写荷花的诗句很多，请课下搜集至少两首描写荷花的古诗，抄写在摘抄本上。

教学设计三

【教学内容】《绝句》

【教学目标】

1. 学习诗歌，正确认读 6 个生字，会写 13 个生字。

2. 能根据诗句想象春景，观察春景图写一篇关于春景的小练笔。

3. 了解诗句大意并背诵古诗。

【教学重难点】

重点：通过讲解了解诗句大意并能背诵古诗。

难点：能根据诗句想象春景，观察春景图写一篇关于春景的小练笔。

【教学方法】

讨论法、讲授法

【教学过程】

（一）图画导入

导语：同学们都喜欢什么季节？老师最喜欢春季。今天老师带你们看老师为什么喜欢春季。首先，老师要给大家看一幅美丽的春景图，让我们仔细观察图片，说说你看到了什么。

同学们讲述后老师引出今天的古诗：一首描写春天的绝美古诗，看看杜甫笔下的春天是什么样的。

（二）识字学习，通读古诗

1. 老师范读，学生边听边画节奏，并将自己不会的字标注上拼音。

2. 小组自由读，相互纠正。

3. PPT 出示生字，有笔顺拼音，让学生组词加深印象。

4. 请几位同学，按照老师纠正的节奏与读音进行有感情地朗读。

（三）品读探究，理解诗意

1. 根据预习情况让学生简单介绍作者。

2. 教师总结同学发言介绍作者：

杜甫的诗被称为"诗史"。杜甫的诗歌多描述当时社会动荡、人民流离失所的社会现状，加之杜甫一生漂泊，他的诗歌多低沉、悲凉、满腹忧伤。

今天学习的这首绝句，一改往日低沉、悲凉的诗风，描绘了一幅美丽秀美的春景图，让人读来内心愉悦、心神向往。当时杜甫正在四川躲避战乱，居住于成都草堂，生活相对安定。

3. 品读探究，理解诗意。

前两句："迟日江山丽，春风花草香。"

（1）学生根据诗句的字面意思简单说对前两句的理解。

（2）老师范读前两句，让学生边听边想象画面。

在春天明亮的太阳照耀下，大好河山一片明丽秀美。温暖的春风挟带着百花和芳草的清香扑面而来。

后两句："泥融飞燕子，沙暖睡鸳鸯。"

（1）学生根据字面意思谈谈对这两句诗的理解。

泥融飞燕子：燕子飞来飞去，忙于筑巢。（巢筑的过程中燕子的心情是快乐、激动的。）

沙暖睡鸳鸯：一对对鸳鸯在暖暖的沙滩上睡着了。（没有人来惊扰它们的美梦，它们是幸福的；沙滩被太阳晒得暖暖的，它们是舒服的。）

（2）总结：春天，冰冻的泥土融化了，燕子飞来飞去地衔泥筑巢（展现一幅动态的美）；河边的沙滩被太阳晒得暖暖的，一对对鸳鸯相互依偎着睡着了。（展现一种静态的美）一动一静，相映成趣。

（四）总结全文，了解绝句（课外拓展）

1. 通过学习杜甫的这首《绝句》，你对绝句有了哪些了解？

绝句是一种古诗体，每首四句。每句 7 个字就是 7 言绝句，简称七绝；每句 5 个字就是 5 言绝句，简称五绝。

2. 绝句示例：

绝句（七绝）

杜甫

两个黄鹂鸣翠柳，

一行白鹭上青天。

窗含西岭千秋雪，

门泊东吴万里船。

绝句（五绝）

杜甫

江碧鸟逾白，

山青花欲燃。

今春看又过，

何日是归年。

（五）作业布置

1. 画一幅图，认真地描绘对春天的印象。（春天对于你，是无与伦比的美吗？）

2. 写一篇日记，用自己的所见所闻和亲身感受表达自己对春天的喜爱之情。

3. 杜甫所写的绝句有很多，感兴趣的同学不妨课下去搜集并与大家分享。

教学设计四

【教学内容】《饮湖上初晴后雨》

【教学目标】

1. 认读 2 个生字，读准多音字"抹"，会写 2 个生字；

2. 有感情地朗读古诗，背诵古诗；

3. 结合注释、联系生活想象西湖的美景，体会诗人热爱祖国山河的情感。

【教学重难点】

重点：能认识和书写生字，有感情地朗读古诗，背诵古诗。

难点：结合注释、联系生活想象西湖的美景，体会诗人热爱祖国山河的情感。

【教学方法】

讲授法、引导式教学法、演示法、讨论法、情境教学法

【教学过程】

（一）谈话揭题，印象西湖

1. 由俗语"上有天堂，下有苏杭"导入课题，谈对西湖的初印象。

2. 了解诗人苏轼。现代诗人艾青说，西湖是"月宫里的明镜，不幸失落人间"，在他的眼里西湖是一面明镜；古代诗人白居易也曾挥笔写下"湖上春来似画图，乱峰围绕水平铺"，在他的眼中，西湖又似一幅图画。诗人苏轼眼中的西湖又是什么样的呢？（引导学生说说对苏轼的了解。）

3. 揭题解题——走进苏轼笔下的《饮湖上初晴后雨》。

（1）齐读诗题，学写生字"饮"和"初"。

（2）再读诗题，说说从诗题中获得了哪些信息。

（3）三读题目，引导正确停顿。

（二）交流预学，走近西湖

1. 自由朗读诗歌。（要求字字清楚，句句顺口，最好读出节奏感、韵律感。）

2. 检查反馈。

（1）学生提醒读音。

（2）着重提醒音近字"亦""宜"和多音字"抹"。（随机指名朗读古诗。）

（3）齐读古诗。

（4）指导读出节奏。

3. 提出要求，初识西湖。苏轼经常把通俗的语言直接放入诗中。如"竹外桃花三两枝，春江水暖鸭先知"，平白如话，却妙不可言！写西湖的这首诗也是如此，不难理解。（引导学生通过看注释、问同学逐字琢磨。）

（1）学生按要求自学。（教师检查，指导。）

（2）着重理解"潋滟"。猜猜"潋滟"这个词跟什么有关，"水光潋滟"又是什么意思。

（3）在诗人的笔下，你看到了一个怎样的西湖？

（三）细读诗句，走进西湖

1. 学习"晴天的西湖水光潋滟的画面"。

（1）出示第一句诗，齐读。（板书：晴）

（2）回忆生活中看到过的"水光潋滟"的画面。

（3）播放水光潋滟的小视频，学生欣赏。

（4）出示画面，想象说话。

中午，在阳光的照耀下，西湖就像……

傍晚，夕阳西下，西湖水面金光闪闪，又像……

（5）齐读诗句。

晴天西湖水光潋滟的景色是如此之美，难怪苏轼会说——（引读）"水光潋滟晴方好"。

（6）换词理解"方"，再次有感情地朗读诗句。

2. 学习"雨天的西湖山色空蒙"的画面。

（1）出示第二句和西湖雨图。（板书：雨。）

彼时日出此时雨——瞧，一场小雨悄然而至。

（2）理解"空蒙"。想象自己就是诗人，泛舟湖上，细雨霏霏，眼前的山是什么样的？（朦朦胧胧的，像蒙上了一层轻纱。）这就是诗人笔下"空蒙"的感觉。

（3）体会置身烟雨朦胧的西湖之上的奇妙感觉，再次入情入境地朗读。

（4）理解"亦"。结合《三字经》"彼虽幼，身已仕。尔幼学，勉而致。有为者，亦若是"和孔子名言"有朋自远方来，不亦乐乎"以及词语"人云亦云"加深理解。

3. 指导对比朗读。我们也来一次人云亦云——让我们用上这个"亦"字，一起来夸夸晴雨西湖。

（四）走近西子，情系西湖

1. 引出西子、介绍西子（西施）。

晴天的西湖美得恰到好处，雨天的西湖也是妙不可言。（西湖在苏轼的眼中像西子。）

2. 引导学生用一个词来形容西施的美。如：面若桃花、风姿绰约、国色天香、天生丽质。

3. 探究比喻之妙。

（1）在艾青眼里西湖像一面镜子，而白居易眼中的西湖则像一幅图画。为什么在苏轼的眼中，西湖就像西子了呢？（西湖和西子都美，它们的名字里都有一个"西"字，西子淡妆浓抹都相宜，西湖不管晴天和雨天都很美。）

（2）引导对话，感受用西子比西湖的巧。

（3）拓展写话：出示西湖晴雨、四季图，选择一幅钟情的西湖风光，抓住特点，描绘心中的西湖。

（4）小结：西湖无论何时，都是好的、奇的、美的、妙的、神的，就像怎么打扮都漂亮的西子。

（五）回归课题，醉心西湖

1. 这首诗里诗人仅仅是在赞美西子吗？

2. 创设情境，三读古诗。写下这首诗一年半后，诗人被迫离开杭州。临行前，他凝望着西子湖，依依不舍地吟诵道——（女生读古诗）；一别就是十六年，十六年中西湖一次又一次地出现在诗人的梦境中，无数个不眠的夜晚他遥望着西湖的方向，饱含深情地吟诵道——（男生读古诗）；十六年后，当苏轼终于重返杭州，他迫不及待地来到西湖畔，激动地吟诵道——（全体齐读古诗）。

3. 回归课题，深化主题。题目中的"饮"，诗人饮的仅仅是美酒吗？饮的还有——（学生答）美景。是的，喝着杯中美酒，赏着无边美景，他醉了。他醉，不仅仅是因为这杯中酒，更因为他的心醉了——沉醉在西子湖的无限美景里。

4. 播放中国唱诗班的《饮湖上初晴后雨》。

（六）作业布置：背诵诗歌

教学设计五

【教学内容】《元日》

【教学目标】

1. 能认读 2 个生字，会写"符"字。

2. 正确、流利、有感情地朗读和背诵课文。

3. 理解生僻字词的意思，理解诗歌大意。

4. 通过感受诗句描绘的欢天喜地、喜庆热闹的节日景象，感受传统节日给人们带来的美好，培养学生热爱传统节日，向往美好生活的意识。

【教学重难点】

重点：理解生僻字词的意思，理解诗歌大意。

难点：通过感受诗句描绘的欢天喜地、喜庆热闹的节日景象，感受传统节日给人们带来的美好，培养学生热爱传统节日，向往美好生活的意识。

【教学方法】

讲授法、讨论法、引导式教学法

【教学过程】

（一）谈话导入

1. 同学们，老师今天带来了几首古诗，大家看看都是和什么有关的诗？（课件出示《清明》《九月九日忆山东兄弟》两首诗。）

2. 联系学过的传统节日（清明节、重阳节）相关诗歌，引出课题，另外一首和传统节日相关的诗——《元日》。（板书课题，学生齐读课题。）

3. 介绍作者王安石。

王安石（1021——1086），字介甫，号半山，临川（今江西抚州市临川区）人，北宋著名的思想家、政治家、文学家、改革家，"唐宋八大家"之一。文学方面，王安石不仅在理论上独树一帜，而且在创作实践上别具一格，给后人留下了许多诗歌、散文。

（二）初读课文，学习字词

1. 学生自由朗读古诗。（要求借助字典读准字音，同时标出读不懂的地方。）

2. 小组交流并检查交流情况。

3. 词语的注释。

元日：农历的正月初一。

屠苏：用屠苏草浸泡的酒，一般在元日饮用，据说可以祛除瘟疫。

瞳瞳：太阳刚出来时光辉灿烂的样子。

桃：桃符，用桃木制成，上面绘有神像，据说挂在门上可以求福避祸，是春联的前身。

（课件出示桃符图片。古人认为桃木是一种神木，可以避邪，所以在上面写上字或画上画，就可以避邪祈福，后来桃符就逐步演化成了我们今天的春联。）

4. 总结。（出示田字格生字"符"）记生字注意结构，观察字在田字格中位置及笔画，注意字形（"符"——上窄下宽），练习书写。

（三）品读欣赏，深入探究

1. 说传统。

（1）结合生活说"春节"。春节是我国传统节日，是团圆、喜庆的节日。（教师引导学生说自家或别人家怎么过节。）

①放鞭炮（多在大年三十晚上 12 点放鞭炮，目的是告别旧年，迎接新年的到来）。

②吃年夜饭，喝酒庆祝（庆祝新年的到来，新起点的开始，预祝有一个新的、美好的开始）。

③贴对联（表达自己美好的心愿）。

（2）教师归纳。春节标配：燃放爆竹（告别旧年）、举杯同庆（迎接新年）、贴红对联（美好心愿）。

2. 理解古诗。

（1）播放传统春节视频，感知元日热闹的景象。

（2）同桌互读古诗，结合插图或视频中过年的情景，交流"我读懂了哪句诗"。

如果说，"劝君更尽一杯酒"的酒是离别之酒，"明月几时有，把酒问青天"的酒是思念之酒，那么这"春风送暖入屠苏"的屠苏酒是一杯什么酒呢？（祈福酒，辟邪酒，长寿酒。）

（3）默读古诗，小组交流，说说通过学习古诗知道了：

①哪些过春节的习俗？（放爆竹、饮屠苏、换桃符。）展开想象，说一说。

②了解了哪些有关春节的知识？（如：为什么贴春联？为什么放鞭炮等。）

③总结诗意：在噼噼啪啪的爆竹声中，旧的一年过去，新的一年来到了。人们迎着和煦的春风，开怀畅饮屠苏酒。旭日的光辉普照千家万户，为庆祝新春，人们总要拿新的春联换下旧的春联。

（四）联系"元日"，迁移学习

1. 小结：从古至今，过新年的方式没有太大的不同，只是叫法不同而已。如，古时候的"春节"叫"元日"，古时候"鞭炮"叫"爆竹"，古时候"对联"叫"桃符"。像这种从古时就有，并世代流传下来的节日，称为"传统节日"。

2. 同学们还知道哪些传统节日？说一说对节日的印象。

3. 从传统节日风俗里，我们可以清晰地看到古人生活的画面，这都是中华民族悠久的历史文化组成部分，需要传承和弘扬。（进行思政教育。）

（五）作业布置

1. 背诵古诗《元日》，理解古诗大意。

2.搜集关于传统节日的故事在班里分享（如，关于年的故事）。

教学设计六

【教学内容】《滁州西涧》

【教学目标】

1.学生能正确、流利地朗读并背诵诗歌，理解并运用诗中重点词句。

2.学生能分析诗中的意象和表现手法，理解诗歌的意境和作者的情感。

3.学生能体会诗歌的韵律美、意境美，激发对自然美的欣赏和创造力。

【教学重难点】

重点：体会诗歌的意境美，理解作者在诗歌中寄寓的感情。

难点：准确把握诗歌的深层含义，体会作者的归隐情怀。

【教学方法】

讲授法、朗读法、小组讨论、情境创设

【教学过程】

（一）导入新课

展示滁州西涧的图片或视频（激发学生兴趣）提问：你们对这幅画面有什么感受？如果你是一位诗人，面对这样的情景会有什么样的心情？

（二）朗读感知，理解诗意

1.教师示范朗读，注意韵律和节奏，学生跟读，教师纠正发音和语调。

2.学生自由朗读，体会诗歌的韵律美，标注不理解的词语和句子。

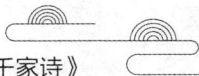

3. 教师通过讲解生字词、诗歌内容和重点词语，帮助学生理解诗意。

4. 学生分组讨论诗歌中的意象、表现手法和作者情感，每组选一名代表汇报讨论结果，全班交流。

（三）情境体验，情感升华

1. 通过多媒体创设诗歌的情境，如播放自然风光的视频、音频等。学生闭上眼睛，想象自己置身于滁州西涧之中，感受诗歌中的意境和诗人的情感。

2. 提问：通过这首诗，你们感受到了作者什么样的情感？你们认为作者为什么会有这样的情感？（学生发言，表达自己的看法和感受。）

3. 教师总结：这首诗表达了作者对自然美景的热爱和赞美，同时也寄寓了作者归隐田园、寻求宁静的情怀。

（四）拓展延伸，总结归纳

1. 提问：你们还知道哪些描写自然美景的诗歌？它们和《滁州西涧》有什么相似之处和不同之处？（学生发言，分享自己知道的诗歌和感受。）

2. 教师总结本课的学习内容和重点，强调诗歌的意境美和作者的情感。

（五）作业布置

背诵《滁州西涧》，写一篇关于自然美景的短文，表达自己的感受和思考。

教学设计七

【教学内容】《独坐敬亭山》

【教学目标】

1. 会写古诗中的生字"亭"。

2. 有感情地朗读古诗，背诵古诗。

3. 通过学习，边读边想象画面，理解古诗的意思，感悟诗的意境，体会诗人孤独、寂寞的感情。

【教学重难点】

重点：会写古诗中的生字"亭"，背诵并默写古诗。

难点：能感悟诗的意境，读懂诗句背后诗人孤独、寂寞的感情。

【教学方法】

导入法、讨论法、小组合作法

【教学过程】

（一）揭示题目，趣味引古诗

1. 回忆旧知，导入新知。

今天我们要学习诗人李白的诗歌——《独坐敬亭山》。大家对李白并不陌生，哪位同学能说说我们以前都学过他的哪些诗？会背的同学可以背出来，帮助大家回忆。

2. 出示课件，介绍作者。

李白（701—762），字太白，号青莲居士，祖籍陇西，是唐代伟大的浪漫主义诗人，被后人誉为"诗仙"，与杜甫并称为"李杜"。代表作有《静夜思》《望庐山瀑布》《望天门山》《早发白帝城》《蜀道难》等。

3. 出示课件，介绍背景。

这首诗是李白在受排挤后，被迫离开长安，经过长达十年的漫游，来到安徽宣城时写下的一首诗。长期的漂泊生活使李白心情苦闷，他看透了世态炎凉，对当时社会的弊端有深刻的认识。他愤世嫉俗的情绪与日俱增，愈发孤独，于是到大自然去寻求慰藉，寻觅知音。

4. 板书古诗题目，师生齐读。

（二）初读古诗，感受韵律美

1. 学生自由朗读古诗三遍。（前两遍要求读准字音，把诗句读通顺，最后一遍要求尽量读出节奏。）

2. 指名朗读，学生互相评价。教师总评，指出学生朗读时的问题，如字音、停顿等。

3. 课件出示节奏划分，重点强调第三、四句。教师范读一遍，读出韵律，学生一边听一边想象画面。

节奏划分：

众鸟 / 高飞 / 尽，

孤云 / 独去 / 闲。

相看 / 两 / 不厌，

只有 / 敬亭山。

4. 引导学生体会韵味，读出韵味。诗的第二、三、四句的最后一个字，韵母相同或相近，教师简单介绍押韵，指导读法。一声二声长而高扬，三声四声急而短促。学生分小组合作读，读出节奏和韵律。

（三）深入研读，体会诗人情

1. 课件出示古诗的注释。

敬亭山：原名昭亭山，在今安徽省宣城市北郊。

众：众多、许多。

尽：消失，没有了。

闲：形容云彩飘来飘去、悠闲自在的样子。

厌：满足。

2. 学生一边看着注释，一边发挥想象力，试着用自己的话说说古诗的意思。（教师出示课件上的译文，进行对比分析。）

译文：一群鸟儿在高空飞得无影无踪，辽阔的天空中只有一片白云，独自飘来飘去，悠闲自在。我看着敬亭山，它仿佛也在看着我，我们相互对视，彼此之间两不相厌的，只有我和这座敬亭山了。

3.研读"众鸟高飞尽，孤云独去闲"。

（1）随机点名读。

（2）思考：为什么有好多只鸟？为什么只有一片云呢？（体会"众鸟"和"孤云"。）

（3）理解"尽"和"闲"，展开想象，指名说说一、二句的诗意。

预设："尽"写出了诗人的孤独，孤独到什么程度，不仅没有人，连鸟都飞光了。"闲"暗示了孤独的悠闲心态。这两句看似在写眼前之景，其实是在写孤独之感。"尽""闲"两个字营造了一个静谧的氛围，山鸟的喧闹声消失了，一片孤云也消失了，天地之间是那么的幽静。这两句诗以"动"衬"静"，表现出诗人心灵的孤独和寂寞。

（4）抓住题目的关键词"独"，体会诗人的孤独。看到鸟儿和白云都离他远去了，他会有什么样的感受呢？（全诗意境的独特之处就是孤独的感觉、孤独的特点、孤独的诗意。）

4.研读"相看两不厌，只有敬亭山"。

（1）过渡：鸟儿飞走了，白云也飘走了，那为什么诗人还要独自一人坐在敬亭山上呢？一起来读一读这两句诗。

（2）学生齐读并思考：谁和谁相看？什么叫作"相看"？请学生示范。

（3）体会诗中蕴含的情感。你从这首诗中读出了诗人怎样的心情？

预设：诗人远离喧嚣，沉浸在与敬亭山的对望中，面对无声的敬亭山，不但没有感到烦厌，相反倒是感到"不厌"。"相""两"二字把诗人与敬亭山紧紧地联系在一起，运用拟人手法，写出诗人对敬亭山深深的喜爱之情。

（四）课堂小结，拓展和延伸

1.总结：短短几句诗，却道出了诗人心中无尽的孤独与寂寞——独自一人漂泊他乡。李白与敬亭山相看、相知、相依，大自然排解了他心中的苦闷，给予他力量。

2.拓展：课下可以读读李白其他的作品，了解李白，走近李白。

（五）作业布置

熟读并背会这首诗。

教学设计八

【教学内容】《枫桥夜泊》

【教学目标】

1.会写3个生字。

2.能有感情地朗读、背诵和默写古诗。

3.借助注释，体会诗句中的静态描写和动态描写，想象诗句描绘的景象，体会作者表达的思想感情。

【教学重难点】

重点：会写3个生字，有感情地朗读、背诵和默写古诗。

难点：借助注释，体会诗句中的静态描写和动态描写，想象诗句描绘的景象，体会作者表达的思想感情。

【教学方法】

讲授法、谈话法、讨论法、情境教学法

【教学过程】

（一）揭示题目，解字读题

1. 谈话导入。1200 多年前，一个叫张继的人进京赶考，后考取了进士，后因安史之乱而羁旅在外。他在客居漂泊途中写下的这首诗成为家喻户晓的名篇。我们今天一起来学习这首诗——《枫桥夜泊》。（板书题目，指导书写"泊"字，学生齐读。）

2. 理解诗题。"泊"是什么意思？在这里指什么？在哪儿停泊？（夜晚将船停泊在枫桥边。）

3. 简单介绍作者。（课件出示。）

张继，字懿孙，襄州（今湖北襄阳）人，唐代诗人，天宝年间进士。诗多纪行游览、酬赠送别之作，风格清远，以《枫桥夜泊》最为知名。

（二）通读感知，读懂诗意

1. 自学生字词，读通、读顺古诗。

（1）学生自读。注意读准字音，读通诗句。

（2）指名读，相机正音。

（3）指导书写"愁、寺"。

"愁"和"寺"都是上下结构的字，"愁"要写得上大下小，"禾"的末笔捺变点，"火"的点、撇要收些，形成避让关系，下部"心"要略扁。"寺"要写得上宽下窄，"土"的竖和"寸"的竖钩要错开，不要对齐写。

2. 初解古诗大意，读出韵味。

（1）理解诗意：请同学们结合注释和插图，想想每句诗的大概意思，用自己的话说一说。

（漫天寒霜里，月亮在乌鸦的啼叫声中慢慢西沉。江边枫叶摇曳，渔船上灯火点点，面对这些景象，诗人心中充满愁绪。此时，姑苏城外寒山寺半夜敲响的钟声传入客船。）

（2）引导朗读：我们初步理解了诗句的大致意思，请再读读《枫桥夜泊》，看能不能读准诗的节奏。

（3）教师范读，学生跟着老师划分古诗的朗读节奏。（课件出示）

（4）指名读，全班齐读。

（三）品读诗句，想象场景

1. 学生自由读诗。

思考：（1）诗中描写了哪些景物？（2）诗人看到、听到、感受到什么？

2. 品读诗句，了解诗意。

前两句："月落乌啼霜满天，江枫渔火对愁眠。"

（1）指名朗读。（课件出示诗句。）

（2）品读"乌啼"。"乌啼"是什么意思？（乌鸦的啼叫。）

（3）品读"霜满天"。什么时候会有满天的霜？有谁看见过满天的霜？（"霜满天"其实写的是诗人的感受，是诗人身处深秋夜里的一种感受，从侧面表现出天气很冷。）

（4）品读"对愁眠"。"对"在这里是"面对、对着、陪伴"的意思，"愁"在这里指诗人对着江枫、渔火满心愁绪，难以入眠。

（5）引导想象。诗人看到了什么？听到了什么？感受到了什么？

（预设：诗人看到月亮逐渐西沉，江边枫叶摇曳，渔船上灯火点点；听到了几声乌鸦的啼叫；感受到霜气降临。）（出示课件）——所见（月落 江枫 渔火）、所闻（乌啼）、所感（霜满天）。

（6）教师点拨。这两句中"月落、江枫、渔火"写所见，"乌啼"写所闻，用乌鸦的啼叫衬托月夜的静谧。

（7）过渡。在这静谧的深秋之夜，诗人还听到了什么？

后两句："姑苏城外寒山寺，夜半钟声到客船。"

（1）指名读。思考：诗人听到了什么？（预设：诗人听到了姑苏城外寒山寺传来的阵阵钟声。）

（2）教师点拨。后两句写诗人听到的声音，以动景衬静景。

（四）创设情境，体会诗情

1.教师引导：从诗人的所见所闻所感中，你体会到诗人怎样的情感？

（预设：从"霜满天""对愁眠""夜半钟声"感受到诗人内心的孤独和凄凉。）

2.教师引导。你认为诗中哪个字最能表达诗人此时此刻的情感？（愁）

3.引读全诗。

（1）教师引导。深秋之夜，诗人泊舟枫桥，久久未能入睡。目睹冷月沉落，耳闻乌鸦悲啼，身感寒霜降临；看渔火幽幽，望江枫隐隐，怎能不使人感到孤独凄凉而愁绪满怀呢？让我们带着这样的感受再来读一读这首诗。

（2）指名读。（提示：用深沉、缓慢的语调来朗读此诗。）

（3）创设情境。听，（播放钟声）在这幽冷清凉的深夜，诗人迟迟未眠的时候，寒山寺的钟声突然悠悠地响起，穿过寒霜、飘入船舱，一记、两记……记记撞击在诗人的心坎上。下面就让我们在这钟声里，再读这首诗。（学生齐读，提示用深沉、缓慢的语调朗读。）

（五）作业布置

背诵并默写《枫桥夜泊》。

教学设计九

【教学内容】《登鹳雀楼》

【教学目标】

1. 学会生字、新词，有感情地朗读和背诵古诗。

2. 在理解古诗基础上，体会"只有站得高，才能看得远"的道理，学习诗人王之涣奋发向上、积极进取的精神。

3. 能初步学会借助插图、工具书学习古诗。

【教学重难点】

重点：会读、写、认课后生字词，能依据诗句展开想象。

难点：理解诗歌意境，能用自己的话描绘诗句画面。

【教学方法】

情境教学法、讲授法、小组讨论法

【教学过程】

（一）引入新课

1.（出示鹳雀楼图片）今天一起在云端到山西永济市去看一座楼。这是一座三层的楼阁，因为常有"鹳雀"鸟飞来休息，所以被称为"鹳雀楼"。

2. 起初的鹳雀楼没多少名气。唐代诗人王之涣来到这里作了一首诗后，鹳雀楼就名扬四海，这首诗的题目就叫"登鹳雀楼"。

3. 一起欣赏千古名诗《登鹳雀楼》。

（二）初读古诗

1. 读古诗利用字典解决生字词。

2. 老师范读，学生记录如何断句，注意老师的读法有什么不同。

3. 指名读，同学们指出优点和不足，老师点评。

（三）精读课文

1. 常言说："书读百遍，其义自见。"同学们说说诗中哪些内容是诗人登上楼阁时看到的？哪些是写他想到的？

2. 登鹳雀楼，诗人到底看到了什么？请同学们读第一句，然后看图想一想，再说一说，进行交流。

（1）指名说。点拨：靠着山在诗句中就是"依山"。太阳下山了，就要看不见了，就是诗中的哪个字？"尽"，就是"完"了。那"白日"是什么时候的太阳呢？"白天的太阳"。

（2）再指名说。多美的夕阳下山图。（提示："黄河入海流"，我们可以调过来理解——就是"黄河流入海"。）

（3）诗人在楼上看着黄河水流向大海，想象着黄河水进入大海的壮丽场面。大家想去看看黄河水流入大海的场景吗？（播放录像。）

（4）看了录像，你觉得黄河怎么样？能用朗读来表现黄河入海时的雄浑气势吗？（男女比赛朗读。）

3. 诗人说的"更上一层"，真的是让我们再登一层吗？作者是想表达"站得高才能看得远"（板书：登高才能望远）。唐代诗人杜甫也曾说过类似的诗句："会当凌绝顶，一览众山小。"

4. 合作的力量是巨大的。现在请你们和同桌合作把诗人登楼后看到的和想到的连起来说说，看看会有什么意想不到的收获。

（四）总结延伸

"欲穷千里目，更上一层楼"是千古名句，经常被用在学习、工作等许多方面来鼓励自己或别人。如，获得荣誉的时候，老师为了让你不骄傲、继续努力争取更大的荣誉，就会鼓励你：欲穷千里目，更上一层楼。

（五）作业布置

反复诵读诗歌，说出对这首诗新的理解与感受。

教学设计十

【教学内容】《游园不值》

【教学目标】

1. 阅读诗歌理解诗意，体会诗人情感并背诵古诗。

2. 通过学习感受诗歌意境；培养学生热爱大自然、热爱祖国山河的情感。

3. 通过学习培养学生的语感，通过体会诗歌内容和情感受到感染和激励，激发学生向往和追求美好理想的热情。

【教学重难点】

重点：阅读诗歌理解诗意，体会诗人情感并背诵古诗。

难点：通过学习培养学生的语感，通过体会诗歌内容和情感受到感染和激励，激发学生向往和追求美好理想的热情。

【教学方法】

讲授法、谈话法、引导法、自主探究法、讨论法

【教学过程】

（一）激情导入新课

1. 出示贾岛《题李凝幽居》，引出推敲的典故。

2. 出示诗题《寻隐者不遇》《寻陆鸿渐不遇》《寻西山隐者不遇》《访戴天山道士不遇》……感受"不遇"的美丽。

（二）创设"回忆旧知，进入新课"情境

1. 全班朗读《题李凝幽居》。复述"推敲"的典故。

2. 读《寻隐者不遇》，读有关"不遇"的诗题，初步感受"不遇"的美丽。

从课题入手，假以耳熟能详的"推敲"的典故，围绕着"不遇"这

个主题导入新课，让学生在不知不觉中进入课文的情境之中，为下一步的情感深化做了充分的预热，也较好地渗透了人文性的教育。

（三）解诗题，知作者，初读全诗

1. 介绍诗人。

2. 读题目，读出停顿。

3. 重点理解"值"，理解诗题。

4. 教师做手势，指导学生读出七言诗的节奏。

（四）总结

教师总结本课的学习内容和重点，强调诗歌的意境美和作者的情感。

（五）作业布置

背诵整首诗。

参考文献

[1] 陈明 . 三字经 [M]. 北京：新星出版社，2016.

[2] 陈明 . 大学　中庸　弟子规　孝经　朱子治家格言 [M]. 北京：新星出版社，2016.

[3] 陈明 . 千家诗 [M]. 北京：新星出版社，2016.

[4] 李毓秀，贾存仁 . 弟子规 [M]. 余长保，解译 . 北京：中国纺织出版社，2018.

[5] 李毓秀，贾存仁 . 蒙学经典 [M]. 余长保，解译 . 北京：中国纺织出版社，2018.

[6] 郭学苹 . 长辫子老师漫读必背古诗文 130 篇 [M]. 西安：西安电子科技大学出版社，2020.

[7] 徐梓 . 蒙学读物的历史透视 [M]. 武汉：湖北教育出版社，1996.

[8] 徐梓，王雪梅 . 蒙学辑要 [M]. 太原：山西教育出版社，1992.